朝鮮半島　危機から対話へ

朝鮮半島 危機から 対話へ

変動する東アジアの地政図

李鍾元 Lee Jong Won
木宮正史 Tadashi Kimiya
【編】

岩波書店

目次

1　「戦争の危機」から「平和のための対話」へ
――東アジアの構造変動をよみとく

李　鍾　元・木宮正史

一　平和プロセスの現状と展望――南北・米朝交渉を検証する　（李　鍾　元）

「危機意識」が高まったわけ

二〇一七年から二〇一八年にかけて劇的な転換が生じました。トランプ政権の誕生で幕を開けた二〇一七年は、軍事的衝突への危惧が急速に高まった時期でした。とりわけ、日本では、幾度となく「戦争危機論」が浮上し、米国による「先制攻撃」「斬首作戦」「鼻血作戦」などの報道が相次ぎました。

なぜ危機意識がこれほどまでに高まったのか。その要因の一つに日本政府の対応が過剰反応だったことがあるでしょう。北朝鮮の弾道ミサイル発射に対してJアラートや避難勧告が出され、安倍政権は「国難」と規定し、解散総選挙の理由の一つとして提示する。しかし実態はどうだったのか。まずこの点について問題提起をしたいと思います。

米朝とも最初から武力行使を前提としていたわけではなく、実際には「瀬戸際戦略」の衝突が背景にありました。従来の朝鮮半島核危機は、主として北朝鮮による瀬戸際戦略によって引き起こされてきましたが、二〇一七年は米トランプ政権も瀬戸際戦略を展開し、その衝突によってエスカレートしたのが特徴です。この一年に何が起こったのかを振り返ってみたいと思います。

「瀬戸際戦略」のぶつかり合い

トランプ政権はスタート直後の二〇一七年一月から、「すべての選択肢がテーブルの上にある」と強硬姿勢を示していました。米韓合同軍事演習に際して複数の空母、戦略兵器(爆撃機)などを投入するなど圧迫を加え、「炎と怒り」(八月)、「完全破壊」「ちびのロケットマン」(九月)と北朝鮮と金正恩を挑発。それに対して北朝鮮は「グアム包囲攻撃」(八月)でアメリカを威嚇し、「狂った老いぼれ」(九月)とトランプを揶揄する。このように米朝間で「言葉の戦争」、激しい非難の応酬がみられました。

また「金委員長の指導」によって大出力ロケットエンジンの開発に成功(三・一八革命)した北朝鮮は、五月から一一月にかけて、アメリカ本土とグアムに届くＩＣＢＭ(大陸間弾道ミサイル)、あるいはＩＲＢＭ(中距離弾道ミサイル)の実験を続け、一一月二九日には「核武力の完成」を宣言します。ＩＲＢＭの火星12が五月一四日、八月二九日、九月一五日に、ＩＣＢＭの火星14が七月四日・二八日に、同じくICBMの火星15が一一月二九日。弾道ミサイルの発射実験は二〇一七年だけで一四回・一七発もの数に上ります。なかでも九月三日の核実験は、「広島型の一〇倍以上」となる水爆の核弾頭実験の成功だったとも言われます。

その一方で、アメリカ国防省が戦争への準備段階を五段階で示したデフコン(Defense Readiness Condition)は以前と変わらず「4」のままでした。米・韓・朝ともに、戦争の態勢は取っていなかったということです。戦争の可能性が盛んに言われた四月にも、金正恩は行事やパレードに予定通り参加しています。

ただし、トランプ政権が限定的な軍事行動などを検討していた可能性は高いでしょう。また、北朝鮮の誤認と怯えによって、軍事的な威嚇の応酬から偶発的な衝突が起きる可能性はありました。たとえば、アメリカの爆撃機が朝鮮戦争以来最も北に接近したにもかかわらず北朝鮮のレーダーでは探知できなかったという報道もありました。

ともかく米朝の主眼は戦争ではなく威嚇による瀬戸際戦略でした。強硬姿勢を示すトランプ政権も、「すべての選択肢」と言いつつ、基本的には中国への二次制裁を通じた制裁強化による「全方位圧迫」がポイントとなっていました。あくまで対北政策の枠組みは、「最大限の圧力と関与」だったのです。その目的は、北朝鮮によるICBM開発のレッドラインを設定し、それを阻止することでした。

しかし北朝鮮は、火星14・15を、アメリカのレッドラインをぎりぎり越えないような高角(ロフテッド)発射にとどめ、外交の余地を残しています。アメリカも、軍事行動に踏み切ることはせず、外交的解決に転換しました。その決定的な形が、一一月二九日に実施された、最も強力でアメリカ東部まで届くと言われた火星15の高角発射です。北朝鮮は、完全な成功とは言えないこの一回だけをもって「核武力の完成」宣言を行い、その後は弾道ミサイル実験を実施していません。このことは、外交への転換を示唆したものでした。秋からはロシアが仲介した米朝の接触などが報道されました。これも転換の前兆と言えるでしょう。

日本はこうした動きを認知し対応できたのかが問われてきます。

劇的な転換の背景

では劇的に転換した背景は基本的に何か。私の言葉で言うと、米朝両者ともに「軍事的手段の限界」と「経済重視」がキーワードとなります。北朝鮮の金正恩体制は、当初から核開発と経済再建の二つを同時に追求する並進路線をとってきました。金正恩委員長自身が二〇一三年三月三一日に「核保有の結果、国防費を増やさず安全が確保でき、経済建設に専念できる」と言っているように、核ミサイル開発を進めるが、それが経済にも役立つという論理です。核ミサイルが通常兵器より相対的に安価なことから、一定の合理性をもっています。重点は経済にあるわけですね。核がより安価だという論理は北朝鮮独自の詭弁ではなく、五〇年代のソ連のフルシチョフ、アメリカのアイゼンハワーと同様のものです。

しかし、核ミサイル開発で国連制裁が強化されます。二〇〇六年の核実験以後、合計一〇の国連制裁決議がなされ、二〇一六年からは中国が本格的な実施に加わりました。その結果として北朝鮮の貿易は九割が制限を受けました。制裁によって金正恩が掲げる経済再建の前途は厳しくなったといえます。金正恩は就任当初から野心的な経済計画を打ち出していましたが、その具体的な展開が困難になるような状況でした。核ミサイルだけで突っ走ることはできなくなったわけです。

アメリカにとっても「軍事的手段の限界」は明らかでした。二〇一八年六月一二日にシンガポールで行われた米朝首脳会談後の記者会見で、トランプ大統領は米朝首脳会談の意義を強調する中で、「休戦ラインの近くにあるソウルの人口は二八〇〇万人、戦争が起きれば三〇〇〇万、四〇〇〇万、五〇〇〇〇万人が死ぬ」と述べています(ただしソウルの人口は一〇〇〇万人)。おそらく限定的な軍事行動のあらゆる選択肢を検討したのでしょう。ここからは、軍事行動の影響などの分析・報告がインプットされていた可能性が透けて見えます。

これ以前にもアメリカの歴代政権は限定的な軍事行動を検討してきました。一九九四年には北朝鮮がIAEA(国際原子力機関)を脱退した際に、クリントン大統領は寧辺攻撃を検討しました。しかし、「最初の九〇日間で米軍五万二〇〇〇人、韓国軍四九万人の死傷者に加え、大量の民間人犠牲者が出る」という試算が出され、断念しました。二〇一六年には、オバマ大統領も軍事行動を検討したという記事が『ニューヨーク・タイムズ』紙に出ました。全面戦争への拡大が阻止できないという判断で、断念されたというものです。

軍事行動の基本的な制約となったのは、韓

国（ソウル）の軍事的脆弱性でした。休戦ラインから五〇キロ以内に、韓国の人口の半分弱である二四〇〇万が居住しているのですから。

また北朝鮮とは異なる意味で、アメリカにとっても経済が重要となりました。トランプは同じ記者会見で米韓合同軍事演習だけでもお金がかかると発言しています。戦争となるともっとコストがかかる。経済への影響を含め、戦争のコストへの懸念がアメリカにも重くのしかかったと思います。

文在寅の外交努力

もう一つ言っておきたいのは、直接対話への転換の道筋をつけたのは文在寅大統領の外交努力だということです。二〇一七年五月一〇日の就任演説で「必要であればワシントンへ飛んでいく、条件が整えば平壌にも行く」と述べたことから始まり、危機の打開に全力を尽くしてきたという印象です。六月三〇日にはワシントンに乗り込み、トランプとの初の首脳会談で「四つのNO」合意（「敵視政策、攻撃、政権交代・崩壊、人為的統一を行わない」）に至る。七月六日のベルリン演説では「崩壊と吸収統一を追求せず、非核化、体制保証、平和体制を目指す」「平昌オリンピックを平和のオリンピックに」「金正恩と首脳会談の用意」と述べ、包括的な対北政策を表明。これは火星14発射の二日後です。続けて八月一五日の光復節演説で「すべてをかけて戦争を防ぐ」と、一二月一九日の米NBCテレビによるインタビューではオリンピック期間中の米韓合同軍事演習の延期をアメリカに提案すると語っています。

この一連の努力は日本ではあまり大きく報

道されませんでした。あるいは安易な楽観論として白眼視するような見方が大勢を占めていました。しかし今から振り返ってみると、この努力が危機の打開に貢献しているのです。

文在寅政権は自らの外交努力を「(朝鮮半島の)運転者論」と表現します。韓国が米朝を動かす力には限界がありますが、少なくとも、米朝の瀬戸際の背景にある対話(外交)への兆しを見出し、米朝の対話の場を作る役割を果たしたと評価できるのではないでしょうか。

首脳会談実現のプロセス

改めて南北・米朝首脳会談実現のプロセスを整理してみたいと思います。

基本的には、金正恩委員長による破格・異例のイニシアティブが状況を動かしてきたといえます。金正恩は、二〇一八年一月一日の新年の辞で、南北関係の改善、「平昌オリンピックへの参加・協力」を打ち出します。これを契機に、二月九〜一一日には韓国に金与正《キムヨジョン》ら代表団を派遣し、南北首脳会談を提案します。そして三月五〜六日に訪朝した韓国特使団に対して米朝首脳会談を提案し、韓国に伝達を依頼します。八日には韓国の特使団が訪米し、トランプは即座に同意しました。

三月二五〜二七日には、金正恩のサプライズ訪中、「非公式訪問」も実現しています。また四月一日には、当時CIA長官だったポンペオの秘密訪朝、その直前の訪中が実現。そして、その後も米朝の進展に合わせて、直前にサプライズ訪中が行われています。二回目の訪中(五月七〜八日)はポンペオ国務長官の訪朝(五月九日)の直前、三回目(六月一九日)はシンガポール米朝会談の後、というように。

南北・米朝首脳会談の道を開いた後に、最初の訪問国としては中国を選んでいるのは、米韓との対話を利用して、中国との関係改善を強い立場で行う土台づくりと言えるでしょう。さらには、中国との関係を強化することで、米韓に対する立場を強化することもできます。戦略的に計算した動きです。

非核化にどこまで本気なのか

よく聞かれる疑問に、「北朝鮮はどこまで非核化に本気なのか」というものがあります。日本だけではなく、アメリカでも韓国でもまだ不信感は根強く、懐疑論が強いのは事実です。華々しい首脳外交が行われる一方で、「従来のサラミ戦術（少しの譲歩によって大きな対価を得る外交手法）の繰り返しではないか」「制裁に追い込まれ、中露や韓国を米国から切り離すための緊急避難的な戦術ではないか」という見方があります。

正直まだ結果が出ていないのでわからない。けれども、これも私の解釈ですが、米韓が首脳会談に踏み込んだ背景には、金正恩体制の動きへの一定の評価と期待があるように思います。それは二つに要約できるでしょう。第一に、二〇一八年一月以来の従来にはなかったレベルとスピードです。最高指導者である金正恩自らが先頭に立った提案ですから、北朝鮮の体制と特性においては失敗すると威信に関わります。これまでとは次元が異なると受けとめています。

第二に、金正恩体制の経済重視の政策の流れです。一般には、金正恩体制について「核ミサイル開発」「粛清」のイメージが強いでしょう。しかしその一方で、スタート以来一貫して「改革」「開放」政策を進めています。

二〇一二年の「六・二八措置」では、家族経営を可能とする農業改革が行われました。二〇一四年の「五・三〇談話」では、「社会主義企業責任管理制」を掲げ、企業所・工場などの自立経営を拡大しました。つまり、市場原理とインセンティブの導入です。二〇一三年には、改革派の朴奉珠を呼び戻し、総理に抜擢、「改革」の指揮に当たらせています。「開放」については、二〇一三年から従来あった四つの特区に加えて、新たに二三の経済開発区を指定し、外国の投資、経済協力を想定した野心的な経済開発計画が示されました。二〇一六年には経済建設五カ年計画も提示されました。そして二〇一八年四月二〇日には、並進路線は勝利をおさめたので歴史的使命が終わったとして、今後は経済建設に総力を注ぐという新路線に変更したのです。

その一環として核ミサイル実験の停止も宣言されました。「核保有を放棄したわけではない」という批判もあります。とはいえ、わざわざ並進路線は終わったと言った意味について考える必要があります。並進路線はもとより核開発と経済建設の両面をもっていますから、並進路線を継続しつつ経済重視を主張しても不思議ではなかったからです。今後の展開次第ですが、いずれ核放棄することになっても論理的に説明できるような土台を作ったのではないかという解釈もあります。

米韓はこのような動きを綿密に観察・分析しながら、外交への転換を模索したと思います。長官に就任したポンペオはさっそく二〇一七年五月、ＣＩＡに一〇〇人規模の組織「コリア・ミッションセンター（ＫＭＣ）」を設置しました。責任者はＣＩＡ韓国支部長を経験した韓国系のアンドリュー・キム。韓国の政府・情報機関ともに太いパイプを持つ人物です。このチームが米朝首脳会談を実現させるチャンネルとなりました。

一方の韓国も、徐薫国家情報院長がメディアで「北朝鮮の意図だけで決まることではない」「北朝鮮の姿勢変化は機会」と語っています。北朝鮮はプレイヤーの一つにすぎないが、ただ北朝鮮の姿勢の変化は一つのチャンスではある。これを最大限どのように引き出すのか、それが外交のやるべきことだというのです。米韓ともに、北朝鮮をより引き出すために働きかけているのだと思います。

南北首脳会談の意義

四月二七日の南北首脳会談（板門店）は、北朝鮮の最高指導者が南側を初めて訪れた「歴史的な会談」でした。しかし、韓国政府は「米朝首脳会談への橋渡し」という位置づけを強調しています。南北首脳会談の「評価」も、以後の米朝関係の行方に関わる構図になっています。

南北首脳会談で採択された「板門店宣言」は、南北関係・平和体制・非核化という三つの柱で構成されています。

とはいえ、南北関係の進展や平和体制（終戦宣言）などの内容は前回の南北首脳会談時の「二〇〇七年宣言」と類似しています。だからこそ、それが実行され得るのかが課題であり、焦点となります。

その可能性は、米朝関係の進展如何《いかん》にかかっています。実際、その後に南北間で軍事会談、経済協力（鉄道連結）、離散家族などについての協議が進んでいますが、制裁が解除(緩和)されない限り、進展には限界があります。それゆえ、五月二六日の二回目の電撃会談は、「米朝首脳会談の中止」という事態への緊急対応のために実施されました。板門店宣言で合意した「秋の平壌訪問」も、二〇一八年八月現在の膠着状態を打開するために実行される可能性があります(追記参照)。

米朝首脳会談の構図

六月一二日に実現した米朝首脳会談は、成果をまとめるような会談ではありませんでした。そのため、「具体的な成果がない」という批判もあります。

しかし、この会談は「プロセスの始まり」としての位置づけという異例の形をとっています。実際、「シンガポール共同声明」自体がそのような構造になっています。それは次の二つの側面から読みとれます。第一に、米朝の首脳個人による「約束」という点です。米首脳名が主語となり、「完全な非核化」と「安全の保証」が「約束」されたのです。第二に、一定の時間(期限)概念の導入という点です。「完全かつ迅速な実行」「速やかな継続協議」という表現がそれです。

全体的には、アメリカが、非核化への漸進的なアプローチに同意し、妥協したという構図です。米朝間の信頼醸成と関係改善を通じて、非核化と体制保証を進める形になっています。会談後にアメリカ(トランプ、ポンペオ)は、非核化への「段階的アプローチ」に言及しています。

その後の展開

ただし、「速やかな継続協議」は遅れ、七月六〜七日にようやくポンペオ国務長官が訪朝しますが、直後に北外務省は、アメリカに対して「一方的で強盗的な要求のみを突き付けた」と非難します。北朝鮮は核ミサイル実験の中止、核実験場の閉鎖、ICBM実験場の閉鎖といった措置をとったにもかかわらず、アメリカは米韓合同軍事演習の中止という可逆的措置のみだという批判、不満です。

論点となったのは終戦宣言のようです。北朝鮮は、アメリカの信頼醸成への対応措置として、終戦宣言を要求した。「すでに合意した終戦宣言」「これはシンガポールでトランプがより熱意をみせた問題」だと。

しかし、相互に批判は自制的で、シンガポール合意の枠組みを維持するという意思を表明し、北朝鮮は米兵遺骨の返還を、アメリカ（トランプ）はその措置に感謝・評価の言葉を述べました。

アメリカは「フロントローディング」という言葉をよく使います。以前後回しにしていた核兵器（弾頭）とICBMを最初に重要課題として交渉し、核施設などはより長期の課題として取り上げようとする従来とは異なるアプローチ。もう一つのキーワードは「タイムライン」です。自分の任期中に「核兵器とICBMの廃棄」を目指している様子がうかがえます。六月一三日の「二年半以内に非核化の大部分を達成」というポンペオの発言も、このような前のめりの姿勢の表れでしょう。

こうした交渉の枠組みに北朝鮮も基本的には応じているようです。北朝鮮にとっても、トランプ大統領との間で実現した関係は、大きな機会だったからです。一一月の米中間選挙を睨みつつ、それまでに再度の首脳会談の実現を目指そうと考えているかもしれません。終戦宣言とICBM廃棄をめぐる水面下でのやりとりが進んでいるでしょう。足踏みしつつも、ともにシンガポール合意の枠組みのもとで綱引きをしている状況といえます。

そうすると、「非核化」と「平和体制の構築」が段階的に、並行して進む可能性があります。「双軌並行」(非核化と平和協定の同時進行)は、中露の共同提案(二〇一七年七月)であり、米韓もこのアプローチを現実的なものとして受け入れつつあります。

最初の段階は、「核兵器とICBMの廃棄」と「終戦宣言」(経済制裁の緩和)。さらに、「完全な非核化」と「平和体制」(平和協定、米朝国交正常化、経済協力)の並行。具体的な時期や段階は予測できませんが、朝鮮半島は戦争終結と冷戦構造の解体に向けて動きだす可能性は十分にあります。

「時間稼ぎに利用される」?

アメリカも事実上、段階的・同時的な進め方に同意していることもあり、「非核化」であれ「平和体制」であれ、時間がかかるかもしれない。そうなると、「北朝鮮の時間稼ぎに利用されるだけではないか」という批判が出ます。

これに対しては、軍事的な圧力手段の限界を踏まえた現実的な発想が必要だと思います。外交交渉を続けている間は、北朝鮮は核搭載可能なICBM(核ICBM)を完成することはできないのですから、時間稼ぎの効用もあるのです。圧力で北朝鮮を完全に屈服できない状況がある以上、段階的な脅威削減が重要であり、より「現実的」ともいえます。

「日本への脅威は変わらない」？

「核ＩＣＢＭディールだけで終わるならば、日本の中距離ミサイルの脅威が残るではないか」という批判もあります。

日本を射程に入れるものとしては、一九九六年からノドンミサイルがすでに実戦配備されています。これまで二〇年以上にわたり議論されてこなかった準中距離ミサイルの問題が、ＩＣＢＭディールによって「新たな脅威」として登場してくるかのような議論には違和感があります。

抑止論の観点からすると、これまで議論しなくても済んだのは、アメリカの拡大抑止（核の傘）が効いているからです。しかし、北の核ＩＣＢＭは、アメリカへの脅威というだけでなく、日韓に対するアメリカの拡大抑止の信頼性を損ないかねない問題です。したがって、核ＩＣＢＭの廃棄は、米日韓に共通の課題といえるのです。

なお、韓国にも短距離ミサイルの脅威がありますが、短距離ミサイルの脅威だけを議論することはしません。なぜかというと、核弾頭のないミサイルは通常兵器であり、通常兵器全般を含む軍事的脅威の問題だからです。これは南北軍事会談などで総合的に取り組まれています。日本でも準中距離ミサイルの脅威をなくすためには、国交正常化も視野に入れて、二〇〇二年の日朝平壌宣言の枠組みに従って総合的に対処していく必要があります。

戦争の危機か、平和のチャンスか

「平和協定が結ばれると、在韓米軍は撤退し、米韓同盟は弱体化(解消)するのでは」という疑問も出てくるでしょう。

平和協定で国連軍司令部は解体することになりますが、在韓米軍は一九七八年からそれとは別の枠組みで動いています。北朝鮮も、公式にはときおり在韓米軍の撤退を求めますが、一九九二年以後は容認姿勢を示唆しています。あくまで米韓の判断が基本であり、自動的なものではないのです。

最も大きな関心として「朝鮮半島の戦争終結、冷戦構造の解体で、日本が前線国家になるのでは」というものがあるでしょう。これは二つの段階で考えないといけません。

第一の段階として、北朝鮮の脅威が減少すると、それに見合う安全保障体制の変化は当然ありうると思います。平和共存体制に入る朝鮮半島(北朝鮮)とどのような関係を設定するかが課題になります。とくに重要となるのが、中国との「新冷戦」的な摩擦(対立)にどう対応するかです。

ここで第二の段階が重要となります。軍事的な対応に重点を置くのか、それとも経済的相互依存に基づく地域協力を推進するのか、ということです。朝鮮半島における戦争終結、冷戦構造の解体は、安全保障だけでなく、経済においても大きな変化をもたらす可能性があるからです。

朝鮮半島平和プロセスにおいても、北東アジアの地域協力体制が重要なカギとなります。文在寅政権の「朝鮮半島の新経済地図」というビジョン(公約、政策)は、朝鮮半島の南北を経済的に統合し、中国東北地方、極東ロシアの開発と結びつける構想を示しています。

交通インフラ（鉄道や道路の連結）、エネルギー（パイプライン）、資源開発などです。これを、中国の東北三省振興策、プーチン政権の極東開発政策といかに連結し得るのか。こうした経済協力構想は、日本とも無縁ではありません。こうした地域協力体制の具体化が、北東アジアの「新冷戦」の回避にも貢献していくのではないでしょうか。

二　激動の朝鮮半島と日本外交——限界と可能性　（木宮正史）

文在寅政権への過小評価

日本では今回の激動に対して、日本こそ冷静かつ慎重に状況を見ているのだという議論があります。私からすると、かなり反応が鈍いという印象は否定できません。「鈍い」というのは、このような変化を少なくとも予測できなかったという意味でもありますが、変化が起きたことに対する評価、感受性においても、鈍いと感じます。

一体それはなぜなのか。今後の対応にも関わってくる重要な問題です。その背景には三重の誤認があります。

第一の誤認は、韓国外交、特に文在寅政権の外交に対する過小評価です。

朴槿恵《パククネ》大統領弾劾を受けて行われた二〇一七年五月の大統領選挙の最中、日本のマスコミは文在寅政権を「親北（朝鮮）」「反日」と評しました。さらに、いまだに枕詞のように

「北朝鮮に宥和的な」という言葉が使われます。このように韓国の「進歩(リベラル)」勢力に対する不信感があります。また、そのような人たちほど、「外交に関して韓国は下手くそで、外交上手の北朝鮮にいいようにやられてばかりいる」と言うのです。平昌オリンピックでの南北のやりとりも、こうした見方を促進しました。韓国外交に対する過小評価と北朝鮮外交に対する過大評価は、日本に深く根を下ろしているようです。

また、対米関係に関しても文在寅政権がトランプ政権を韓国の望むように動かせるはずがないと思っていた人が多いようです。しかし現実には、韓国外交の「仲介」が奏功して、二〇一八年四月二七日の南北首脳会談、六月一二日の米朝首脳会談にまでこぎつけました。

したがって、遅きに失した感はあるものの、文在寅外交への積極的評価も表れてはいますが、依然として「北朝鮮によって裏切られるのではないか」という慎重な評価が多数です。

トランプ外交に対する評価

第二の誤認は、トランプ外交を理解し損ねたことです。

安倍政権はトランプ政権の「最大限の圧力」政策に全面的にコミットして、場合によってはそれをむしろ先導するという役割を担ってきました。トランプ政権下、国務省の体制も定まらない状況下で、北朝鮮問題についてトランプ大統領は安倍首相に頻繁に電話をかけていたという話もあります。おそらく安倍政権には、トランプ政権が対北朝鮮政策に関して日本の意向をかなり重視している、という楽観論、「過信」があったのではないでしょうか。

しかしながらトランプ政権は「最大限の圧力」から「最大限の関与」へと急激に舵を切りました。安倍政権の対応も——トランプ政権の政策と一体化するという意味では一貫性があるのですが——「関与」を追認するという形で豹変することになります。今までの圧力政策が奏功したから、場合によっては軍事的なオプションをちらつかせたから、それに怯えて北朝鮮が譲歩をしたのだ、と。つまり、政策の転換ではなく、政策の成果だという評価です。この点は奇妙にも金正恩政権の並進路線に関する説明、つまり政策が成果を上げたからその政策は使命を終えて新たな政策に転換したのだという説明と同じです。しかも、安倍首相は、南北・米朝首脳会談で拉致問題を取りあげることを要請するなど、日本の意向を注入するのだと強調しました。おそらく非核化だけでなく中距離ミサイル問題についても、その重要性を強調したと思われます。

ただし、当初は言葉の上では目立った、日朝交渉に関する安倍首相の積極的意欲が持続することはありませんでした。その背景には、非核化をめぐる米朝協議の停滞、日朝を後回しにする北朝鮮の姿勢、そして特に大きな要素としての国内状況——日朝交渉というリスクを取らなくても自民党総裁として再選される可能性が高い——があります。

「金正恩は変わらない」のか

第三の誤認が、北朝鮮に対する評価です。日本には、金正恩体制は変わらない、変わりようがないという認識が前提としてあったように思います。核保有を明記し、並進路線を掲げた金正恩体制が、非核化に舵を切るはずがないという認識です。したがって、圧力をかけ続けるしかない。ただし、その圧力が効いて北朝鮮が「屈服」するという保証もない。確かに、経済の改善のためには現状のままでいいとは考えていないでしょうが、体制の流動化のリスクを冒してまで経済を改革開放の方向に踏み出させることはしないだろうという北朝鮮の現状維持的側面を重視していたのです。

したがって、金正恩体制の非核化への転換に対しても、今までの圧力が奏功した結果であり、従来の政策は成功であったという認識をタテマエとしては掲げざるを得ません。しかし、実際には、その真意を図りかねているというのが正直なところではないでしょうか。

金正恩は金日成・金正日とは異なります。金日成は基本的に、韓国に対して北朝鮮が優位であった時代の指導者でした。金正日は人生の晩年に、しかも韓国優位に追い込まれた状況の中で、後継指導者になりました。それに対して金正恩は、青年期に指導者となったため今後長期間の統治が可能であり、また、もはや韓国の優位を意識するよりも自らの体制の持続可能性のほうを重視しています。したがって、金正恩にとって、長期の安定的支配のためには、持続的な経済発展が切実な課題です。体制流動化のリスクを冒してでも改革開放を通して経済発展を達成しないと、体制自体の持続可能性にも黄色信号がともる――このような金正恩の認識転換を理解せねばなりません。

日本の二重姿勢

一方で、日本の安全保障にとって、日本列島を射程に入れた核搭載可能な中距離ミサイルを持つ北朝鮮の軍事的脅威を除去することは重要ですし、望ましいとする見方も日本にはあります。ただしそれと共に、現時点で北朝鮮が非核化に踏み切ることが日本外交、日本の安全保障政策に及ぼす「負の効果」――今のタイミングで変えられたら困るという認識も垣間見えます。

北朝鮮の核保有とそれに起因する軍事的脅威の存在は、それに対応する日本の安全保障政策にもある種の「既得権益」を形成してきました。今まさに問題になっている「イージス・アショア」も、厳しい財政事情の中でも「聖域」であったからこそ導入が決定されたわけです。何よりも北朝鮮の核による軍事的脅威の存在が、こうしたハード、ソフトの両面において、従来の安全保障政策を転換する切り札としての役割を果たしてきたわけです。平成三〇年版の『防衛白書』でも、「北朝鮮の核・ミサイルの脅威についての基本的な認識に変化なし」と、朝鮮半島を取り巻く情勢の急展開よりも、依然として北朝鮮の脅威が不変であることを強調しています。このように、安倍政権下において、北朝鮮の核の脅威は、安全保障政策の実質的転換を可能にする要因となってきました。

だからこそ北朝鮮の脅威が軽減することは、戦略の練り直しを迫られることになります。依然として北朝鮮の脅威が持続的に存在することで何とか切り抜けようとするのか。それとも、中国の軍事的脅威を掲げることで、安全保障政策の転換を真正面から正当化せざるを得なくなるのか。あるいは、脅威の減少に応じた安全保障政策の再転換に踏み込むことになるのか。このうち第三の選択肢は、安倍政権にとって自らの政策を全否定することになるだけに、おそらく選択しようとはしないでしょう。しかし、果たして、そうした硬直的な姿勢でいいのでしょうか。

東アジアのパワーシフト

この新しい情勢の展開は、大きく見れば第二次世界大戦後、もう少し具体的に言えばいわゆる冷戦の終焉以後の東アジアのパワーシフトの中で起きています。ただし、それだけではありません。朝鮮半島情勢の変化が進展すること自体が、こうしたパワーシフトに対しても非常に重要な意味を持つ可能性があります。

北朝鮮の非核化に対する懐疑的な評価の背景には、北朝鮮を取り巻く戦略的状況が不変であるので、北朝鮮の選択はそれほど大きく変わるはずはないという前提が存在します。ただし、その前提とされている北朝鮮の戦略的状況は本当に不変なのでしょうか。

北朝鮮の核政策、並進路線が一義的に現在の状況に帰結したわけではありません。北朝鮮にも複数の選択肢があり、その中からある政策を選択した結果として今現在があります。

もちろん北朝鮮の「決断」に呼応するような周辺諸国の選択がなければ、北朝鮮が従来通りの選択に後戻りをする可能性も存在します。金正恩自身が前面に出て非核化を約束したということによる制約は大きいものですが、アメリカを中心とした周辺諸国の対応がそれに呼応せず、北朝鮮が望んだような「戦利品」が獲得できないという状況では、「核保有」という「現状維持」に回帰する可能性も排除はできません。北朝鮮に後戻りをさせないような政策が必要ではないかと思います。

大国化する中国と米中関係

パワーシフトの関係で言えば、中国の大国化に伴って米中大国間関係が東アジアにおいて非常に重要な要素になりました。

北朝鮮という緩衝国家の存在意義を中国が再認識しつつも、他方で北朝鮮の非核化に対する曖昧で宥和的な姿勢が大国としての責任感の欠如として映ります。だからこそ中国は、北朝鮮の核ミサイル開発に対する国際的な制裁にも加わるようになり、それが結果として中国への依存が深まっていた北朝鮮経済にとっては大きな痛手になりました。北朝鮮に完全な非核化を行わせることが、大国化しつつある中国にとって、東アジア国際政治における自らの発言力を高めるために重要であることは間違いありません。

しかし、北朝鮮が米朝交渉を通した生存戦略に傾斜していくことは、中国の存在感を低下させることにもなります。だからこそ、米朝首脳会談の開催が決まった後、三月から五月にかけて異例の二度にわたる中朝首脳会談を開催したり、米朝首脳会談のためシンガポールに向かう金正恩のための専用機を提供したり、北朝鮮に対して、さらには東アジア国際政治における存在感を誇示しようとしたのでしょう。

中国にとっては、北朝鮮が非核化を選択しながらも、中国にとって「緩衝」となるような存在であり続けること、換言すれば、北朝鮮が中国の影響力の範囲内で生存を維持することが最も望ましいということになるでしょう。そのためには、北朝鮮と韓国、アメリカ、特にアメリカとの政治的関係を一定の範囲内にとどめておくことが必要になります。したがって、北朝鮮があたかも韓国と一緒になって対米関係を強化しつつ、中国からの相対的自律性を追求することは望ましいわけではありません。ところが、米朝関係の改善を目論む北朝鮮には、どうも米中大国間関係の中で自らの存在感を高めたいという指向が見え隠れします。

そこに、中国の対北朝鮮外交のある種のジレンマ、限界があります。北朝鮮に対して圧倒的な経済的比重を占めることが、北朝鮮に対する一方的な影響力を持つわけではなく、ある種の体制維持の管理者としての責任を担わざるを得なくなることにもなるわけです。

逆にいうと、北朝鮮の非核化のためには中国の協力は必須であるということ、米中の協力によって初めて北朝鮮の非核化は実現可能になること、米中の真摯な協力がないと北朝鮮の非核化は非常に不徹底なものに終わるリスクが高まるということです。

ところが、中国が米中関係を意識した対北朝鮮政策を念頭に置けば置くほど、北朝鮮に対する影響力、特に非核化に向けた影響力は削がれることになります。北朝鮮を中国の影響下に置いておくためには、北朝鮮に対する寛大な政策が必要だと考えるからです。そして、現実に、中国にとって対米関係を意識した中での対北朝鮮政策という側面が以前にも増して強くなっています。

こうした状況を打開するためには、北朝鮮

の非核化に関する米中二国間の協力が重要であることはもちろんですが、それを仲介する役割が必要です。韓国にはそうした役割を果たすことが期待されますが、果たしてその任に耐えうるのかどうか。また、米中間に一定の緊張が存在したほうが日本の安全保障にとって望ましいと考える今の日本政府には、その任を担おうとするインセンティブがあるようには思えません。

日韓関係の水平化

北朝鮮が核ミサイル開発を持続して東アジアにおける脅威として存在し続けることが、地域の安全保障にとって重大な脅威となることは間違いないことです。その点では日韓は認識を共有しています。にもかかわらず、安倍政権と文在寅政権とでは、少なくとも二〇一七年から二〇一八年の初頭まで対応が異なったように見えました。なぜなのかを考えてみたいと思います。

何よりも安倍政権にとっては、こうした北朝鮮の軍事的脅威が存在し続けることが、今まで種々の制約があってなかなかできなかった日本の安全保障政策の限界を突破するために有用であったからです。ソフト面における憲法改正までも見据えた集団的自衛権行使を合憲とする憲法解釈の変更、ハード面におけるミサイル迎撃システムの配備や敵基地先制攻撃能力の整備などは、中国の軍事的脅威という中長期的な視点のみならず、北朝鮮の核ミサイル脅威という短期的な視点なくしては成し遂げることができなかったでしょう。その意味で、北朝鮮の核ミサイル開発に伴う脅威は、従来の限界を相当程度突破するという意味で、日本の安全保障政策を大きく変更させました。

北朝鮮の非核化に起因した軍事的脅威が減じることは、それまで積み上げてきたソフト、ハードの両面における日本の安全保障の強化政策の原動力を部分的にしろ、削ぐことは間違いありません。もちろん、いったん整備したものは既成事実となって、それを正当化しようとするでしょう。特に日本の場合には、中国の大国化への対応という、より一層大きな動機づけが存在しているので、一朝一夕に安全保障政策を変更するというのは難しいと思います。日本では北朝鮮の非核化に対して懐疑的な見方が強いのも、それを前提とした既得権益が相当程度形成されてきたことの反映でもあるからです。

また、南北の平和共存が定着し、韓国主導の統一の可能性が開かれる場合、そこに日本がどう関わるのか。そうした統一韓国と日本との関係がどのように設定されるのかという問題も重要です。日本と韓国との関係は、依然として日本が侵略・支配したという歴史的経験に起因する歴史問題が色濃く影を落としているだけに、日本から見ても慎重な管理が必要になります。

さらに、北朝鮮や中国の脅威認識を共有しながらも、それへの対応に関しては立場を異にする部分が見られます。特に、中国の脅威を与件として、日本は、日米同盟の強化による対応を図ろうとしているように見えます。それに対して、韓国は、一方で米韓同盟を基軸とした安全保障を構想しているわけですが、他方で、経済の相互依存や、北朝鮮問題、さらには朝鮮半島の統一問題に対しては中国の意向に配慮せざるを得ません。したがって、米中どちらかとの関係を二者択一的に優先的に選択することはできない、そうした状況に追い込まれることは回避しなければならないわけです。

　このように、日韓は脅威認識の共有という部分を活かしながらも、その対応の違いを克服して地域秩序における日韓それぞれの影響力の増大をいかに図るのかという課題に直面します。しかも、冷戦時代のような、日本が力の優位を持つという垂直的な日韓関係ではない、日韓が均衡した力を持つという水平的な関係の下で、いかに相互の調整を図ることができるのか。そこが問われることになるでしょう。

南北関係

　北朝鮮は核ミサイル開発の選択などによって、身の丈以上の存在感を誇示していることは間違いありません。とはいえ、北東アジア地域を構成する国の中では最も弱小で最も貧しい国であることは否めません。だからこそ、北朝鮮は金正日時代に「強盛大国」という、身の丈に合わない国家目標をあえて掲げたわけです。一九七〇年代まで北朝鮮は、南北分断体制下において韓国と対等以上の体制競争を行ってきましたが、八〇年代以降は、政治、経済、外交などのあらゆる面で韓国に大きく水をあけられています。だからこそ、九〇年代、冷戦の終焉以降、北朝鮮は韓国との体制競争において優位に立つことを実質的に放棄して、むしろ、アメリカとの「対等な立場」というある種のフィクションを作ろうと核ミサイル開発に邁進してきたと見ることができます。したがって、アメリカとの「対等さ」というフィクションを作り出すことが、南北体制競争において、韓国に対する北朝鮮の「起死回生」の「一発大逆転」をもたらすわけではないことを、何よりも北朝鮮自身がよく知っています。

中には、北朝鮮の核武装は南北体制競争における北朝鮮の勝利という「一発大逆転」を狙ったものであり、これによって朝鮮半島に対するアメリカの関与を抑え込むことで、南北間における軍事的優位を奪還することを狙ったものだという極端な見方も提起されます。しかし、体制競争に敗北した北朝鮮自身が再び体制競争を戦うというよりも、九〇年代以降明確になったように、自体制の維持生存のほうを優先していると考えるべきでしょう。その意味では北朝鮮の核武装がそうであったように、北朝鮮の非核化それ自体が、南北体制競争にもたらす帰結はそれほど大きいわけではありません。

ただし、北朝鮮の非核化が南北平和共存を制度化させるという方向に向かうとすると、話は違ってきます。なぜならば、そうした南北関係における韓国の力の優位という側面を再浮上させることになり、韓国主導の統一に道を開く可能性が高まることになるからです。こうした南北平和共存の制度化を通して韓国主導の統一の可能性を切り開くというシナリオは、韓国の金大中政権が元来構想したものであり、文在寅政権も継承しています。韓国のリベラル勢力が構想する平和的な韓国主導の統一シナリオです。力の優位にある韓国が北朝鮮に向かって「統一すべきだ」とアピールすることは、北朝鮮の警戒感を喚起することになってしまう。そのため、韓国はできるだけ統一には低姿勢をとり「吸収統一はしない」と韓国主導の統一の可能性を自ら封印することで北朝鮮の警戒感を解き、まずは平和共存を制度化させようとするのです。そうした状況がある程度持続することで、漸進的に韓国主導の平和統一の可能性が大きくなってくる。もし、そうなれば、東アジア国際政治における大きな構造変容とみることもできます。ただ、それには相当な時間がかかることが予想されます。

日本外交の可能性とリスク

日本の外交・安全保障にとっては、目前の最重要課題である北朝鮮の軍事的脅威の減少のためにも、北朝鮮を現状維持に逆戻りさせないように、北朝鮮の非核化を「ロック・イン(lock in)」することが重要です。したがって、北朝鮮の「非核化」に対する見返り(終戦宣言→平和協定→米朝国交正常化)を提供しうるアメリカの役割が最も重要であるとともに、そうした米朝・日朝交渉において北朝鮮の保証人、後見人になりうる中国の役割も重要です。つまり、米中協力が必要不可欠なのです。

そして、少なくとも北朝鮮の非核化に関する米中協力を確保するという点に関しては、日韓が最も多く利害を共有しています。日韓が協力して北朝鮮問題をめぐる米中の協力を確保するという構図が必要となります。

他方で、日本では、米中対立が激化することを与件とし、その中で日米同盟を強化することで軍事大国化する中国に対応することが唯一の選択肢だという方向に向かいつつあるという側面も否定できません。米中の対立状況がある程度存在することが、日米同盟に対する米国の重要性をより一層高め、同盟を強化することになるという認識です。それを前提とすると、たとえ北朝鮮の「非核化」という成果が期待できるとしても、米中協力によって日本外交の存在感が制約されることは果たして望ましいのかという疑問が提起されます。さらに、それによって中国の大国化に対応するために必要な環境を構築する絶好の機会をみすみす逃してしまうことになってしまうという認識があるようにも思います。こうした日本外交は、どのような点に留意したらいいのでしょうか。

第一に短期、中長期という時間の問題があります。問題の優先順位を時間の経過とともにどのように設定するのか。もちろん、中長期的な視点も重要ですが、とりあえずは短期的な目標達成を優先させる中で中長期的な視点といかに両立することができるのかが重要になります。そして、短期的な目標を優先させる中で、中長期的な視点にも変化が生じる可能性は十分にあるのではないでしょうか。具体的に、米中協力によって北朝鮮の非核化が達成されるという「成功体験」が、そもそも米中関係それ自体を変えてしまう可能性もあるのではないでしょうか。もちろん、それが日本の外交や安全保障にとって望ましい方向での変化なのか、そうではないのかということは不透明ですし、それは、むしろ日本の選択にかかっていると言えるかもしれません。

第二に、日本単独の選択になるのか他国の同意、協力を獲得することができるのかという問題です。米中関係がある程度の緊張関係を保ったほうがいいのだという認識を共有する国家がどの程度存在するのかということです。どうも、日本は、「インド太平洋」という概念に基づいて、こうした認識を共有できる国として、インド、オーストラリア、ASEANを念頭に置いているように見えますが、果たして日本の思惑と一致するのでしょうか。同床異夢でしかないようにも思われます。さらに、特に北東アジアという地域に限れば、米中協力を通して北朝鮮の核ミサイル開発などの軍事的挑発を抑えると共に、韓国主導の統一に対する米中の支持を獲得する韓国の戦略とは真逆の方向に向かう可能性もあります。果たして、日本の存在感を高めるという外交目的にとって、米中対立に利益を見出すという選択が妥当だと言えるでしょうか。韓国の戦略ともう少し接点を拡大していくという方向が必要なのではないでしょうか。

文在寅政権は、北朝鮮の非核化を前提とし、それ以後の構想として、「韓半島新経済地図」というような、北東アジアの経済協力圏に北朝鮮を位置づけ、その発展を図っていくというような、独自の北東アジアの構想を提示しています。それに対して、拉致問題や核ミサイル問題が顕在化する前、日本が持っていた「環日本海経済圏構想」のような北東アジアに関する構想が、日本ではそれ以後ほとんど提示されなくなってしまいました。今一度、日本なりに、北東アジアの平和と繁栄を構築する新たな構想を提示し、それと韓国の構想との接点を探るという方向を模索するべきではないでしょうか。

第三に、そもそもこうした政策は、どの程度持続可能なものなのでしょうか。日本を取り巻く米中という大国間の関係の緊張度を日本が利用しながらも調整していくことができるというのであれば、そうした指向は合理的であると言えないこともないでしょう。しかし、緊張が極度に高まって日本がそこに巻き込まれるという状況は、日本の外交や安全保障にとっては、最も忌避するべきものであるように思います。米中関係の緊張度を日本の望ましい程度に調節できるわけではなく、そうした不可能な、不確かなものに依存した外交や安全保障が果たして成立しうるのかと疑わずにはおられません。

第四に、可変的なものを不変の前提ととらえているのではないかという問題です。日本の外交や安全保障において、日中関係は良好な関係にはなり難いという前提があるように思われます。日本が中国を侵略したという歴史的経験や地政学的な条件、日中間の政治的条件の違いなどが、こうした認識の背景にあるように思われますが、日中は対立的な関係になるしかないと断念してしまってもよいものでしょうか。もちろん、同盟国であるアメリカの力を利用することは必要ですが、そうすることで中国の行動様式を、日本を含む地域構成国家にとってより寛大で責任あるものにすることによって、日中関係を葛藤に満ちたものではない関係にすることができる、そうした可能性を追求することができないものかと思います。

以上を考慮すると、中国の大国化、日韓の水平化、南北朝鮮関係における韓国優位という冷戦後の変化に、日本はどう対応するのか、それにどう働きかけるのかという選択の問題にもつながります。

日韓の水平化については、水平化された関

係の中で、日韓の競争関係をゼロサム的なものとして強調するのか。それとも、相互に利用しながら競争することで、日韓双方の存在感を高めるという選択をするのかが問われているのではないでしょうか。

南北関係については、朝鮮半島の南北関係という厄介な問題に日本は関わろうとはしないという選択をとるのか。また、分断しておいたほうがいいと考えるのか。それとも、統一は当事者の選択に任せるべき問題ではあるが、少なくとも南北平和共存に関して、日本はその制度化のために、日朝国交正常化や日韓協力などによって積極的に関わるのか。そうした選択の岐路に立たされているのです。

そして、中国の大国化とそれに伴う米中大国間関係に関して、日本が、韓国との協力関係を念頭に置きながらどのように対応するのか、少なくとも現状とは異なる可能性を模索することができるのではないでしょうか。こうした東アジア国際政治の変容をめぐる政治力学に日本がどういう立場をとるのか、そして、どのように働きかけるのかという視点に立脚して、北朝鮮の「非核化」に対する日本の姿勢を再検討することが重要となるはずです。

拉致問題について

日本外交が最重要だと位置づける拉致問題を進展させるためにも、北朝鮮の非核化をロック・インして、終戦宣言→平和協定→米朝・日朝国交正常化へとつながる非核化に対する見返りプロセスを、非核化の進展に応じて提供するように、日本も尽力することが、必要な選択と言えます。

拉致問題の解決が何を意味するのか、日本国内でもコンセンサスが形成されているわけではありません。さらに、日朝間では全く異なります。

まずは、日本も加わったうえで調査を行うということが必要でしょう。

二〇一四年五月のストックホルム合意によって拉致問題に関する北朝鮮の再調査が行われ、その報告書が日本に提示されたようです。しかし、日本政府はその結果に満足せずに、受け取りを拒否したというのが現在までの状況のようです。それを受け取るということは難しいかもしれませんが、日本も加えた再調査をさらに行うということで、拉致問題の行き詰まりを打開することはできないか、と私は思います。

そもそも拉致問題を日朝交渉開始の前提条件とするという発想が過去三〇年近く失敗し続けてきたことは明らかです。拉致問題を交渉の中に位置づける、そして、国交正常化交渉という包括的な問題解決の中に位置づけるということ以外に、この問題に対する進展を図るということは、事実上難しいのではないでしょうか。そのためにも、日本のほうから、日本も実際に参加した現地調査を含む再調査チームを組織化し、実際に再調査を行うという方向性を、北朝鮮の非核化プロセスとそれに伴う日朝交渉の中に位置づける必要があると考えます。

〔追記〕

二〇一八年九月一八日から二〇日まで、文在寅大統領が平壌を訪問、南北首脳会談が開催され、「九月平壌共同宣言」に合意した。

非核化に向けた北朝鮮のより大胆な取り組みが不足しているという批判が提起されている。非核化に向けて北朝鮮がさらに明確な姿勢を示し、米国を始めとする国際社会がそれを認めて制裁を解除するという条件は必要である。これは北朝鮮だけではなく、米国を始めとする国際社会の対応にもかかってくる。しかし、この宣言と一緒に合意された「板門店宣言履行のための軍事分野合意書」を合わせて見ると、これは、実質的には、南北間の「終戦宣言」のみならず「不戦宣言」「不可侵宣言」という側面を持つ。南北関係は平和共存の制度化に急速に舵を切りつつある。「非核化」を南北共同プロジェクトとして、日米中ロという周辺諸国をも巻き込もうとしているようにも映る。

問題は、こうした動きにどう対応するのかということである。ブレーキをかけるのか、それとも、それを支えるのか、日米中ロの周辺諸国は選択の岐路に立たされている。日本の安全保障にとって、北朝鮮の非核化が依然として不透明であることを理由としてブレーキをかけ続けるのか、それとも、北朝鮮を核保有に逆戻りさせないように非核化の流れを制度化するのに積極的に協力するのか。まずは、短期的に、この絶好の機会を逃さず日本を取り巻く核の脅威を除去することを優先させる、そのうえで、中長期的に、北東アジアにおける平和共存の制度化を日本も主導していく、こうした戦略を選択するのが、最もリスクが少なく合理的ではないか。そのために、日朝国交正常化とそれを前提とした経済協力という日本のカードをいかに有効に活用するのか、まさに問われている。（木宮）

2　金正恩体制は何を目指すか
——「権力の確立」から「体制の保証」へ

平井久志

金正日総書記の霊柩車を囲んだメンバー

北朝鮮は二〇一一年一二月一九日、金正日総書記が同月一七日に心筋梗塞で死亡したと発表した。死亡の発表とともに計二三二人からなる国家葬儀委員会の名簿が発表され、「金正恩同志」はそのトップに掲げられ、金正恩時代が始まった。

同年一二月二八日には雪の降る中で「永訣式」(葬儀・告別式)が行われ、金正日総書記の遺体を乗せた霊柩車の周りを、金正恩氏を含む八人の幹部が囲んだ。霊柩車の右側には金正恩氏と、党幹部である張成沢《チャンソンテク》党行政部長(国防委員会副委員長)、金己《キムギ》男《ナム》党書記(党宣伝扇動部長)、崔泰《チェテ》福《ボク》党書記(最高人民会議議長)が、左側には軍幹部の李《リ》英鎬《ヨンホ》軍総参謀長、金永春《キムヨンチュン》人民武力部長、金正角《キムジョンガク》軍総政治局第一副局長、禹東則《ウドンチュク》国家安全保衛部第一副部長が囲んだ。金正恩氏は当時まだ二〇歳代後半で、多くの人々は、この七人の幹部がある種の集団指導体制で金正恩氏を支え、金正日総書記死後の北朝鮮を導いていくと考えた。六年余を経て、金正恩党委員長による「唯一的領導体系」という独裁体制が確立したが、これほど急速に金正恩氏の独裁体制が確立されるとは、当時はほとんど誰も予測できなかった。

金正恩氏は同年一二月三〇日、党人民軍最高司令官に奉じられた。そして、二〇一二年四月一一日に朝鮮労働党第四回代表者会が開催され、金正恩氏が党第一書記、党政治局常務委員、党中央軍事委員長に推戴された。軍部を統制する軍総政治局長には軍人ではない崔龍海《チェリョンヘ》党政治局常務委員が起用された。続いて、同年四月一三日、最高人民会議第一二期第五回会議が開かれ、金正恩氏は新設した国防委員会第一委員長に推戴された。これにより、金正恩氏は軍、党、国家の最高指導者の地位に就任した。

金正恩氏は同年四月一五日、金日成主席誕生一〇〇周年の軍事パレードで演説し、「軍事技術的優位は、もはや帝国主義者の独占物ではなく、敵が原爆で我々を威嚇、恐喝していた時代は永遠に過ぎ去った」と語り、北朝鮮の国家武力が、今や「帝国主義侵略者を戦慄させる無敵の強軍に育った」と強調した。

その一方で、金正恩氏は「世界で一番良いわが人民、万難の試練を克服して党に忠実に従ってきたわが人民が、二度とベルトを締め上げずにすむようにし、社会主義の富貴栄華を思う存分享受するようにしようというのがわが党の確固たる決心である」と語り、一九九〇年の「苦難の行軍」のようなことは二度と繰り返さないと経済発展を誓った。この時点では、金正恩氏は「先軍路線」と「人民生活の向上」を同時に追求する姿勢を見せた。指導理念としては「金日成・金正日主義」「自主の道、先軍の道、社会主義の道」を掲げた。

「軍部による先軍」から「党による先軍」へ

金正恩氏は二〇一一年一二月二八日、経済幹部に対し社会主義企業管理方法を現場の要求に合うように完成することを求め、二〇一二年には内閣の中にその方法を研究する「常務組」が設けられたという(日本貿易振興機構「二〇一六年度 最近の北朝鮮経済に関する調査」)。

当時、金正恩政権は政権の安定のためにも、金正日総書記の「先軍路線」を継承するとの見方が強かった。そうした中で、朝鮮労働党は二〇一二年七月一五日、党政治局会議を開き、軍部のトップであった李英鎬総参謀長をすべての職務から解任した。

金正日政権の末期から、崔龍海軍総政治局長(党政治局常務委員)、張成沢党行政部長(党政治局員)、金慶喜《キムギョンヒ》党政治局員という党幹部に「大将」の軍事称号が与えられ、軍服を着て登場するという現象がみられた。世界の社会主義国で軍人が軍服を脱いで背広姿で党の要職に就くというケースは多いが、党人が背広を脱いで軍服を着て軍を統制するというきわめてめずらしい現象が起き、金正恩時代の権力が次第に「軍」から「党」へ移行しつつあることを示した。軍トップの李英鎬総参謀長の粛清により、軍の位相が次第に下がり、また軍が持っていた経済利権が党へと、特に張成沢氏の党行政部へと移行したとみられた。しかし、まだ「先軍路線」は続いており、「軍部による先軍」が「党による先軍」へと変容していった。

「経済建設」と「核開発」の並進路線へ

一方、北朝鮮は二〇一二年四月一三日に人工衛星「光明星3号」を発射したが、発射直後に爆発し、打ち上げは失敗した。同年一二月一二日、「光明星3号2号機」を打ち上げ、軌道に乗せることに成功したが、衛星からの電波発信などは確認できなかった。

そして二〇一三年二月一二日、三回目の核実験を行った。朝鮮中央通信は「爆発力が大きいながらも、小型化、軽量化された原子爆弾」の実験に成功したとした。

一方、経済分野では二〇一二年下半期から農民が、自分が担当する田畑に責任を持つ「圃田担当責任制」が試験的に導入され、農民はノルマを超えた分の生産物を市場で売ったり、他の物品と交換したりすることが認められるようになった。

北朝鮮は二〇一三年三月三一日、党中央委員会二〇一三年三月総会を開催し、「経済建設」と「核開発」を並行して推進する新しい戦略的路線である「並進路線」を決定した。

北朝鮮が、経済建設と国防を同時に進める路線はこれが初めてではなく、金日成時代の一九六二年にも採った路線である。金正恩氏の「並進路線」が金日成主席の採った路線と異なるのは、国防一般の強化ではなく、核・ミサイルという戦略兵器に特化した国防強化を打ち出したことであった。

翌四月一日の最高人民会議第一二期第七回会議では経済改革派とされ、前日の党中央委総会で党政治局員に選出された朴奉珠《パクポンシュ》氏を首相に再起用した。朴奉珠氏は金正日総書記が二〇〇二年七月に行った経済改革「七・一措置」後の二〇〇三年九月に化学工業相から首相に起用され、その後の経済改革を主導した人物であった。

そして、北朝鮮は二〇一三年六月、住民統制の規範としてきた「党の唯一思想体系確立の一〇大原則」を「党の唯一的領導体系確立の一〇大原則」に三九年ぶりに改正した。この改正で書き込まれた「同床異夢、陽奉陰違（面従腹背）」という言葉はその後、張成沢党行政部長の粛清の際にも使われ、この一〇大原則の改正のころには張成沢粛清の準備が進んでいたことをうかがわせた。

朝鮮労働党は二〇一三年一二月八日に党政治局拡大会議を開き、張成沢党行政部長（国防委副委員長、党政治局員、国家体育指導委員長）をすべての職責から解任し、党を除名した。さらに一二月一二日には国家安全保衛部の特別軍事裁判が行われ、張成沢氏は「国家転覆陰謀の極悪な犯罪を働いた」とし、死刑の判決が下され、即時執行された。

金正恩氏は二〇一二年七月に軍部トップの李英鎬総参謀長を粛清し、二〇一三年一二月には党の実力者で自らの叔父にあたる張成沢党行政部長を粛清することで、自らの唯一的領導体系を強化した。張成沢党行政部長の粛清は、党組織指導部と公安機関である国家安全保衛部の主導で行われ、張成沢氏が責任者であった党行政部は事実上、解体された。

繰り返される粛清

金正恩氏はその一方で、李英鎬総参謀長を粛清する前後に、軍幹部を目まぐるしく交代させ、その階級を昇格させたり、降格させたりする人事を続けた。軍部序列トップの軍総政治局長は二〇一二年四月の第四回党大会では崔龍海党政治局常務委員を起用したが、二〇一四年五月に黄炳瑞《ファンビョンソ》党組織指導部第一副部長に交代した。黄炳瑞氏は二〇一七年一〇月ごろに党組織指導部の調査を受け解任されたとみられるが、二〇一八年六月には金正恩党委員長の現地指導に同行し、復権が確認された。二〇一八年二月に金正角氏の総政治局長就任が確認された。だが、金正角氏はワンポイントリリーフで二〇一八年五月には金秀吉《キムスギル》氏に交代した。

軍総参謀長は李英鎬から玄永哲《ヒョンヨンチョル》、金格植《キムギョクシク》、李永吉《リヨンギル》、李明秀《リミョンス》、李永吉と交代した。人民武力部長は金正角、金格植、張正男《チャンジョンナム》、玄永哲、朴永植《パクヨンシク》、努光鉄《ノグァンチョル》と交代を続けた。

金正恩氏は、頻繁な人事と軍事階級の昇降格を繰り返すことで軍の掌握を進め、朝鮮人民軍を「党の軍」へと衣替えし、次第に軍部が影響力を持った「先軍」から、労働党優位の「先党」の状況を作り出していった。

経済分野では二〇一三年から「圃田担当責任制」が全面的に導入され、農民の勤労意欲を刺激する方法がとられた。さらに企業でも二〇一三年八月には「社会主義企業責任管理制」が導入され、生産の計画や分配、価格などを企業が決定できる独立採算制が急速に拡大していった。二〇一四年五月には崔龍海氏が軍総政治局長を解任され、黄炳瑞氏が後任となり、政治序列で黄炳瑞氏が崔龍海氏より上位を占めるなど、崔龍海氏と黄炳瑞氏の序列競争が続いた。

金正恩氏の側近の馬園春《マウォンチュン》設計局長は、二〇一四年一一月一日から、その動静報道が途絶えた（後に復活）。また、辺仁善《ピョンインソン》総参謀部第一副総参謀長兼作戦局長も二〇一四年一一月五日以来、消息が途絶えた。韓国の情報機関、国家情報院は二〇一五年五月一三日、非公開で行われた国会の情報委員会での報告で、玄永哲人民武力部長が同年四月三〇日ごろ粛清されたと報告した。

金正恩氏は李英鎬総参謀長、張成沢党行政部長の粛清で独裁体制を強化したが、その後は自身が起用した側近幹部たちに対しても粛清や革命化教育を実施し、韓国などでは「恐怖政治」という批判が出た。

経済分野では、金正恩氏は二〇一四年五月三〇日に「現実発展の要求に即してわれわれ式経済管理方法を確立することについて」と題した「五・三〇労作」を発表した。「五・三〇労作」の内容は外部には公開されていないが、北朝鮮内部では一部引用などが行われ、その存在は確認された。この最高指導者の「労作」により、北朝鮮で独立採算的な企業管理がより確立されていった。

金正恩氏の「唯一的領導体系」が完成

北朝鮮は二〇一六年一月六日、四回目の核実験を行った。政府声明は「チュチェ朝鮮の初の水爆実験が成功裏に行われた」と発表し、四回目の核実験が「水爆実験」であると主張した。さらに同年二月七日、人工衛星「光明星4号」を打ち上げ、軌道に乗せることに成功した。しかし、この時も衛星からの発信は確認されなかった。

北朝鮮は二〇一六年、二〇一七年の二年間を通じ、ミサイル発射を繰り返した。権力が軍から党へと移行する中で、核・ミサイルを中核とする戦略軍は軍のプライド維持、求心力としても機能した。

朝鮮労働党は二〇一六年五月六～九日に、三六年ぶりとなる第七回党大会を開催した。金正恩氏は「開会の辞」で、「核強国、宇宙強国の戦列に堂々と入るようにする歴史の奇跡を創造した」と述べ、北朝鮮が「政治思想強国、軍事強国、青年強国」になり、さらに「核強国」「宇宙強国」の仲間入りをしたと強調した。金正恩氏は党大会での総括報告で「責任ある核保有国」を強調した。

第七回党大会は、金正恩氏を新設の党委員長に推戴した。朝鮮労働党の核心機関である党政治局では、金正恩党委員長、金永南《キムヨンナム》最高人民会議常任委員長、黄炳瑞軍総政治局長、朴奉珠首相、崔龍海氏の五氏が党政治局常務委員に選出された。金永南氏が対外的な元首の役割を代行し、党を崔龍海氏が、軍を黄炳瑞氏が、内閣を朴奉珠氏が補佐する布陣となった。党書記局は党政務局に改編され、党中央委書記は党副委員長に改称された。経済面では「国家経済発展五カ年戦略」が発表されたが、具体的な数値目標などは明らかにされなかった。

党大会に続き、最高人民会議第一三期第四回会議が六月二九日に開催された。第四回会議では、憲法を改正、国防委員会を国務委員会に改編し、金正恩氏を「共和国の最高首位である国務委員長」に推戴した。

金正恩政権は二〇一一年一二月にスタートして、金正恩氏の「唯一的領導体系」という名の個人独裁体制をほぼ完成させた。金正日時代の先軍政治の中核機関であった「国防委員会」がその歴史的役割を終えた。先軍時代の党と国防委員会の二元的な権力構造は朝鮮労働党に一元化された。北朝鮮は「先軍時代」から「労働党時代」へと移行した。

北朝鮮は二〇一六年九月九日、五回目の核実験を行った。「核兵器研究所」は「核弾頭の爆発実験が成功裏に行われた」と声明を発表した。

金正恩党委員長は二〇一七年元日に「新年の辞」を発表、「大陸間弾道ミサイル（ＩＣＢＭ）の試験発射の準備が最終段階に入った」と述べ、核・ミサイル開発の継続を表明した。

二〇一七年二月一三日、マレーシアのクアラルンプール空港で金正恩党委員長の異母兄である金正男氏が暗殺されるという事件が発生した。韓国の情報機関、国家情報院は「金正恩氏により組織的に行われた国家テロだ」とした。

二〇一七年、平壌では故金日成主席の誕生日の四月一五日、大規模の軍事パレードが行われ、各種ミサイルが登場した。北朝鮮はその後、このパレードに登場した各種ミサイルの発射実験を続けた。

五月一四日には中距離弾道ミサイル「火星12」、五月二一日には「北極星2」、七月四日には大陸間弾道ミサイル(ICBM)「火星14」、七月二八日にも「火星14」を、八月二九日に「火星12」、九月一五日にも「火星12」をそれぞれ発射するなどミサイル発射実験を続けた。また、九月三日には六回目の核実験を行い、日本政府はその爆発規模を約一六〇キロトンと推定した。

朝鮮労働党は二〇一七年一〇月七日、党中央委員会第七期第二回総会を開催した。金正恩党委員長は核兵器を「正義の霊剣である」と言明した。その上で、国連経済制裁などの国際的な圧迫に打ち勝つために外部に依存せず、経済を自彊自力、自力更生路線に転化し「自力経済強国」の建設を訴えた。この時点ではまだ「現情勢とこんにちの現実を通じて、わが党が経済建設と核戦力建設の並進路線を堅持して、チュチェの社会主義の道に沿って力強く前進してきたことが至極正しかった」と「並進路線」の継続を強調した。

党中央委総会では金日成時代から政権中枢で権力を支えた金己男、崔泰福両党副委員長が事実上引退し、指導部の世代交代を印象づけた。

核武力の「寸止め」の意図

そして、北朝鮮は二〇一七年一一月二九日に新型ＩＣＢＭ「火星15」を発射、最高高度四四七五キロ、飛行距離九五〇キロに達した。専門家は通常角度で発射すれば飛距離は一万三〇〇〇キロに達すると推定した。金正恩党委員長は「ついに国家核武力完成の歴史的大業、ロケット強国偉業が実現された」と国家核武力の完成を宣言した。

しかし、米国をはじめ国際社会は、北朝鮮が核弾頭の大気圏への再突入などの技術についてはまだ習得しておらず、米東部を攻撃できるＩＣＢＭ能力を保持するには「あと数カ月」(二〇一八年一月、ポンペオ米ＣＩＡ長官)を要するという見方が多数だった。

北朝鮮が、米東部を攻撃できる核兵器の完成直前という状況で内外に「国家核武力の完成」を宣言した背景には、国内的には金正恩党委員長の業績を誇示する狙いがあったとみられる。さらに、米東部を攻撃する能力が完成していない状況では、米国は予防攻撃などを加えることは難しいとみられた。いわば米東部を攻撃できる核武力の「寸止め」状況で、あえて「国家核武力の完成」を宣言したのは、「もうこれ以上核開発をする必要はない」という状況判断を公言することで、米国との対話を模索するシグナルではないかという見方もできた。

北朝鮮は二〇一七年一二月二一日から二三日まで朝鮮労働党第五回細胞委員長大会を開催し

た。金正恩党委員長はこの大会の「開会の辞」で、北朝鮮が「米国に実際に核威嚇を加えられる戦略国家に急浮上した」と述べ、これ以降、北朝鮮は「戦略国家」という位置付けを強調し始めた。また、「閉会の辞」で「われわれがこれまで行ったことは始まりにすぎず、党中央は人民のための多くの新たな事業を構想している」とし、「同志らを信じて社会主義強国建設のための大胆でスケールの大きい作戦をさらに果敢に展開していくであろう」と訴えた。二〇一七年の核ミサイル開発に邁進してきた路線から、二〇一八年には対話に大きく転じる路線転換を予告するような発言だった。

金正恩党委員長は二〇一八年の「新年の辞」で「米本土全域がわれわれの核打撃射程圏にあり、核ボタンが常に私の事務室の机の上に置かれている」と主張、米本土全域が北朝鮮による核攻撃の圏内にあるとの認識を示した。

平昌オリンピック参加

だが、金正恩党委員長はその一方で、平昌冬季オリンピックへの参加の用意を表明し、南北当局者会談にも応じる用意があるとした。

北朝鮮は二〇一八年二月の平昌冬季オリンピックに選手団、応援団、芸術団を派遣したほか、政府高官級代表団を派遣した。開会式には金永南最高人民会議常任委員長や金正恩党委員長の妹の金与正《キムヨジョン》党第一副部長が参加し、金与正氏は文在寅《ムンジェイン》大統領との会見で金正恩党委員長の親書を手渡して訪朝を要請した。さらに金英哲党統一戦線部長が訪韓し、閉会式に参加した。

金正恩党委員長は、三月五日に鄭義溶《チョンウィヨン》国家安保室長をトップとする文在寅大統領の特使団と面会し、四月末に板門店の韓国側施設である「平和の家」で第三回南北首脳会談を開催することなどで合意した。韓国側によれば、金正恩党委員長は朝鮮半島非核化の意思を明確にし、北朝鮮に対する軍事的脅威が解消され体制の安全が保証されれば、核を保有する理由がないという点を明白にした。また、北朝鮮は非核化問題の協議と米朝関係正常化のため、米国と虚心坦懐に対話する用意があると表明した。対話が続く間、北朝鮮は追加の核実験および弾道ミサイル発射実験などの戦略的挑発を再開することはないとした。

韓国特使団は訪米し、三月八日にトランプ大統領に訪朝結果を報告をしたが、トランプ大統領は金正恩党委員長との史上初めての首脳会談を受諾した。

金正恩党委員長は南北首脳会談を前にした三月二五日から二八日まで、権力を継承して初めて中国を訪問し、習近平党総書記(国家主席)と首脳会談をし、伝統的な中朝親善関係を確認した。南北、米朝首脳会談前に、冷却化していた中国との関係を改善し、交渉力を高めようとしたとみられた。

朝鮮労働党は四月二〇日、党中央委第七期第三回総会を開催し、国家核武力の完成により「並進路線」が偉大な勝利を収めたと総括した。金正恩党委員長は「わが共和国が世界的な政治・思想強国、軍事強国の地位に確固と上がった現段階で全党、全国が社会主義経済建設に総力を集中すること、これがわが党の戦略的路線である」と言明した。さらに同総会は核実験と大陸間弾道ロケット試射を中止し、豊渓里《プンゲリ》核実験場を廃棄するとした。北朝鮮は国家核武力の完成を受け約五年で並進路線を終了し、経済建設に総力を傾けると、大きな路線転換を宣言した。

この路線転換は四月二七日の南北首脳会談、六月一二日の史上初の米朝首脳会談開催へ向けた北朝鮮の状況整備とも言えた。国連制裁など国際的な圧迫に屈して対話に向かうのではなく、国家核武力の完成という並進路線の勝利を背景に、自らの決定で対話に向かうとの意思表示であった。

「板門店宣言」から「米朝共同声明」へ

金正恩党委員長は二〇一八年四月二七日に板門店で文在寅大統領と会談し「板門店宣言」を発表した。

南北両首脳は同宣言で、①南北関係の全面的で画期的な改善と発展を実現、②朝鮮半島で先鋭化した軍事的緊張状態の緩和、③朝鮮半島の恒久的で強固な平和体制構築――を確認し、③の中では南北が「完全な非核化を通じて核のない朝鮮半島を実現するという共通の目標を確認」した。南北は年内に終戦宣言をし、休戦協定を平和協定に転換するとした。

　金正恩党委員長は五月七〜八日には大連で習近平党総書記と二回目の首脳会談を、五月二六日には板門店の「統一閣」で二回目の南北首脳会談を開くなど積極的な首脳外交を展開した。

　そして、金正恩党委員長は六月一二日、シンガポールでトランプ大統領と史上初めての米朝首脳会談を行い、共同声明を発表した。共同声明で両首脳は、これまで敵対関係にあった両国が「新たな関係」に向かうことを確認し、トランプ大統領は「北朝鮮に安全の保証を与えることを約束」し、金正恩党委員長は「朝鮮半島の完全非核化への確固で揺るぎのない約束」を再確認した。トランプ大統領の「安全の保証」にも、金正恩党委員長の「朝鮮半島の完全非核化」にも具体的な内容や期限はなかったが、敵対関係にあった両国が新たな関係への発展や信頼醸成を確認したことは東アジアの新たな秩序構築に向けたスタートであった。だが、これが東アジアの冷戦構造を終わらせ新たな平和秩序の構築に向かうのか、新たな混乱の始まりになるのかはまだ、予断を許さない。

　金正恩党委員長は六月一九〜二〇日には北京で三回目の中朝首脳会談を行った。

　トランプ大統領は米朝首脳会談後に米韓合同軍事演習の中止を言明し、北朝鮮は七月二七日に米兵の遺骨五五柱を米側に送還した。しかし、北朝鮮は核関連施設の申告など具体的な非核化への動きを取らず、米側は八月末に予定されていたポンペオ国務長官の訪朝を中止した。韓国政府は米朝間の非核化交渉の行き詰まりを打開しようと九月五日に特使団を平壌へ派遣した。

金正恩党委員長は韓国特使団に「朝鮮半島を核兵器のない平和の地にしていくのが、われらの確固たる立場で、自分の意思だ」と表明し、トランプ大統領の一期目の任期内に非核化を実現したいとした。さらに、朝鮮戦争の終戦宣言は在韓米軍の撤退問題とは無関係だとした。また、文在寅政権での三回目の首脳会談を平壌で九月に行うことでも合意した(その後、九月一八~二〇日に実施された)。

複雑で利害の絡まった作業

金正恩党委員長は約六年間の統治で、李英鎬軍総参謀長や張成沢党行政部長を粛清し、さらには異母兄の金正男氏を暗殺し、潜在的なライバルになり得る人物を葬った。さらに先軍政治を標榜した金正日時代に力を持った軍幹部も大半を一線から退かせ、先軍政治を事実上終焉させ、社会主義国家本来の党中心国家への変身にも成功した。

金正日時代は核兵器やミサイルは外交の「カード」の色彩が強かったが、金正恩党委員長は米東部を攻撃できる核弾頭搭載のICBM開発を続け、権力の源泉を核兵器やミサイルに求める核・ミサイル至上主義のようにもみえた。核兵器やミサイルという戦略兵器の強化は、先軍時代から労働党時代へと転換していく中で、位相の低下した軍部の自尊心を維持する求心点の役割も果たした。

一方、金正恩時代の北朝鮮経済は国際的な経済制裁が強化される中でもプラス成長を続けた。それは農業では農民の労働意欲を刺激する「圃田担当責任制」、企業管理では独立採算制を強めた「社会主義企業責任管理制」などを通じて市場経済的な要素を拡大することによって「人民生活の向上」を図ってきた結果であった。しかし、ほぼ経済封鎖に近い国連制裁や各国の独自の制裁によって、このままの状況が続けば、比較的安定的に維持してきた経済状況が悪化することは避けられない状況に直面していた。経済危機になって対話に転じれば交渉力は高くないだけに、余裕のある状況で米国など国際社会との対話に打って出る必要があった。

また、「唯一的領導体系」という国内権力の独裁に成功した金正恩党委員長にとって、次に警戒すべきは、イラクやリビアのような米国による体制崩壊であったとも言えた。それを避けるために、「並進路線」を勝利のうちに終息させることで路線転換を図り、「核・ミサイル」を外交カードにすることで米国などとの関係改善に打って出た。予備会談もせずに首脳会談に応じたトランプ大統領のような米国指導者は再び現れないだろう。また、北朝鮮を理解してくれる文在寅政権という進歩政権が仲介努力を傾けてくれた。米国のトランプ政権、韓国の文在寅政権の誕生は路線転換を模索していた金正恩政権にとって千載一遇のチャンスであった。しかし、対話路線の選択は制裁などの圧力に屈したというよりは、北自身の路線転換の結果であった。

金正恩政権が新たな路線として打ち出した「朝鮮半島の非核化」は、非核化への動きを「段階的」に行うたびに、米国などが「同時的措置」として金正恩体制の安全を保証する見返り措置を取ることを前提にしている。金正恩政権の立場から言えば、「同時的措置」としての「体制の保証」措置が講じられなければ、非核化を進める意味はない。

金正恩体制を「保証」することは、金正恩政権下での人権問題と連動していることも事実だ。国際社会が何を「保証」し、何を容認してはいけないのか、その判断基準は明確ではない。しかし、この政権には祖父も父も実現できなかった「人民生活の向上」という大きな課題が課せられていることは否定のしようのない事実だ。

金正恩党委員長は、何の実績もない世襲政権としてスタートしたが、粛清を繰り返しながら「唯一的領導体系」を確立した。また、先軍政治を終わらせ、権力の核心を軍から党へ移し、経済的には、市場経済的要素を注意深く拡大してきた。そして、核・ミサイルをカードに米国からの「体制の安全の保証」を取りつけ、経済発展を目指すという挑戦の途上にある。この複雑で利害の絡み合った作業が「完全な非核化」という終点までたどりつけるかどうかはまだ、不透明だ。

3　朝鮮半島の非核化と文在寅政権の戦略

文　正　仁

二〇一七年の一年間、朝鮮半島は戦争と平和の交差路に立っていました。一九五三年七月の休戦協定以来最も先鋭な安全保障の危機的状況にあったと言っても誇張ではないでしょう。金正恩の核の野望と無謀な軍事挑発、ドナルド・トランプの攻撃的な修辞と軍事アクション、韓国内のＴＨＡＡＤ（終末高高度防衛ミサイル）システム配備をめぐる中国の強硬姿勢、そこに安保問題をめぐる韓国社会の二極化まで重なって、状況は非常に危機的でした。

文在寅《ムンジェイン》政権は二〇一七年五月九日の就任と同時に、このような安全保障のジレンマに向き合ってきたわけです。もちろん、このような状況は平昌《ピョンチャン》冬季オリンピックをきっかけに新たな反転の契機を迎えています。

北朝鮮は核保有国なのか

現在の朝鮮半島問題の本質的な根源は、北朝鮮の核武装にあります。

それでは北朝鮮の核問題の本質は何でしょうか。ここで踏まえておかなければならないのは北朝鮮の核能力です。北朝鮮は二〇一七年一一月二九日、ＩＣＢＭ（大陸間弾道ミサイル）である火星15型の発射成功後に核兵器保有の完成を宣言しました。しかし、国際法上、北朝鮮は核保有国になることはできません。核兵器不拡散条約（ＮＰＴ）に基づけば、北朝鮮を完全な核保有国と認めることはできないのです。そうはいっても客観的に見れば北朝鮮が相当なレベルの核兵器能力を確保したことは否定できない現実です。それは以下の理由からです。

第一に、北朝鮮は根気強く核物質を生産、備蓄してきて、現在ではおよそ二〇個以上の核弾頭を保有していると言われています。米国の著名な核兵器専門家で寧辺《ニョンビョン》の核施設を六回も訪れたジークフリード・ヘッカー博士によると、北朝鮮は四〜八個のプルトニウム核弾頭と六〜二〇個の高濃縮ウラン核弾頭を製造できるだけの核物質を確保しており、一年間で最大一個のプルトニウム核弾頭と六個の高濃縮ウラン核弾頭を生産できる能力を保有しているそうです。アメリカの情報当局は北朝鮮がすでに六〇個の核爆弾を保有していると推定しています。北朝鮮が核開発をやめない場合、二〇二〇年までに一〇〇個以上の核弾頭を保有できるだろうとの見方もあります。結局、北朝鮮は核兵器保有の核心である核弾頭を大量に保有していると見ざるを得ないのが実情です。

第二に、北朝鮮は核弾頭を搭載して飛ばすことができる多様な運搬手段も確保しています。短距離スカッドBとCミサイル（射程三〇〇～五〇〇キロ）、ノドンミサイル（射程一〇〇〇キロ）、ムスダン中距離ミサイル（射程三〇〇〇キロ）などがその代表例です。二〇一七年五月と九月には火星12型中距離弾道ミサイル（IRBM）、そして七月四日と二八日にはICBM級の長距離弾道ミサイルである火星14型の発射実験をおこない、一一月二九日には火星15型の発射実験もおこないました。それだけではなく北朝鮮は潜水艦発射弾道ミサイル（SLBM）の開発にも拍車をかけています。

第三に、北朝鮮は二〇〇六年一〇月九日以降、六回の核実験をおこない、そのうち五回は成功したと言われています。過去五回の核実験の破壊力は二五キロトン未満で一九四五年に広島に投下された原子爆弾以下の水準でしたが、北朝鮮が水素爆弾だと主張した二〇一七年九月三日の六回目の核実験の威力は一〇〇キロトンを超える破壊力を見せつけるものでした。これは恐るべき破壊力だと言わざるをえません。

最後に、北朝鮮は核兵器の多種化（ブースト型核分裂弾、強化ブースト型核分裂弾、水素爆弾）、小型化、軽量化を執拗に推進しています。さらには核兵器量産にむけた標準化にも成功したと主張しています。

核弾頭と運搬能力の確保、核実験、核兵器技術の高度化などを勘案すると、北朝鮮はいまや誰も否定できない核保有国の地位に到達していると言えます。国際社会の圧力や制裁にもかかわらず、金正恩は並進路線（経済発展と核兵器開発を共に追求する路線）を決して放棄しないと明言しています。したがって、北朝鮮は最小限の核抑止力（minimal nuclear deterrence）の確保だけではなく、北朝鮮の首領、制度、人民を保護するために、そして金正恩の国内における政治的正統性の確立と国際的地位向上のためにも核兵器とミサイルの開発をやめないだろうと思います。さらには核兵器保有を通じて米国に対する交渉力を強化しようとの意図もあると思われます。

核保有国北朝鮮を容認できない理由

北朝鮮の核の脅威はもはや虚構ではなく現実であり、未来形ではなく今そこに迫っている問題です。北の核は朝鮮半島、北東アジア、そしてさらには全世界の安全保障にとって深刻な脅威なのです。私たちが核保有国北朝鮮を容認できない理由は以下のとおりです。

- 北朝鮮の核兵器は朝鮮半島の軍事バランスを破壊し、究極的に南北の信頼構築と平和共存を阻害する。また、朝鮮半島に膨大な通常兵器と核軍備の競争をもたらす。
- 北朝鮮が軍事力で優位を占めることになれば、北の指導部が過去に南の赤化統一を試みようとした際の「統一戦線戦略」を復活させようとする可能性がある。朝鮮労働党規約の前文にも記されているように、北朝鮮は統一戦線戦略を放棄してはおらず、南に対して軍事的に優勢になればこの戦略を強化していくだろうという観測がある。これを単に北朝鮮の幻想に過ぎないと見るには現実はあまりにも深刻である。

- 域内の安保環境に甚大な否定的影響を及ぼす。北朝鮮の核保有は域内の戦略的不安定性を深めるばかりか深刻な核軍備競争を触発しつつ、核ドミノ現象につながって北東アジアにおける核拡散を引き起こす可能性がある。
- 最後に、北朝鮮は他国に核物質、技術、さらには弾頭を輸出するかもしれず、これはグローバル・テロリズムの時代に世界の安全保障の根幹を揺るがしかねない。そのうえＮＰＴを根幹とする世界の核秩序の安定にも大いなる脅威となるだろう。

まさにこれらの理由のためだけでも、私たちは北朝鮮の核兵器保有国化を阻止しなければならないのです。これは単なる選択の問題ではなく、当為論的な命題だと言えます。

文在寅政権の戦略

文在寅大統領は、統一外交安保政策の目標を、「核兵器のない平和な共同繁栄の朝鮮半島」

と設定しています。そして、この目標を実現するために、三大原則と四大戦略を採択していま
す。

一つめの原則は、北朝鮮と朝鮮半島の非核化です。文在寅大統領は核兵器を保有する北朝鮮とは信頼構築や平和共存することはできず、北朝鮮の核の野欲は中断されなければならないと固く信じています。

二つめの原則は、平和優先主義です。朝鮮半島では絶対に二度と戦争が起きてはならず、北の核問題は外交的な手段で解決されねばならないというのが文大統領の基本的立場です。文在寅大統領はいかなる国家も韓国政府との事前協議や同意なしに朝鮮半島で軍事措置を取ることはできないということを明確にしました。ここには文大統領の平和に対する意志と、軍事的行為や戦争には反対するという意味が込められているのです。

三つめの原則は、国民的合意の基盤構築と国際協調の原則です。文大統領は北核問題を含む朝鮮半島の安全保障問題では国民との話し合いや合意を重視するという立場を取っています。そして、韓国政府が主導的な姿勢を取る時も、国連や米国、中国等、関係各国との緊密な国際協調を通じて北朝鮮の核問題を解決していくという立場です。

このような原則のもとで文在寅大統領は四大戦略を掲げています。すなわち、対話と交渉、制裁と圧力、抑止と防衛、そして主導的外交です。

文大統領の第一の戦略的選択は北核問題の解決にむけた対話と交渉を再開することです。文

大統領も対話と交渉がもつ内在的な限界をしっかり認識しています。米朝二国間対話と六カ国協議の失敗を通して多くの教訓を得ているのです。にもかかわらず、文大統領は、北朝鮮とアメリカが途切れてしまった意思疎通のチャンネルを復元して意味ある対話と交渉を再開することを願っており、究極的には六カ国協議の再開にまでつなげなければならないと主張しています。

文大統領はそのために北朝鮮との二国間対話を強調してきました。すでに北朝鮮に対して人道主義レベルの赤十字会談と軍事会談を提案しています。特に国際的な制裁の枠組みの範囲内で非政府レベルの南北間交流・協力を再開させることを希望しています。ここでひとつ明確にしておくと、文大統領は北朝鮮の核問題解決は一次的に米朝二国間の対話によって可能になると認識しており、南北対話の再開はこのような北朝鮮の核問題をめぐる対話に順機能的な役割を果たすことができると信じているということです。

幸いに今回、平昌オリンピックを契機に南北関係は大きく復元されました。金永南《キムヨンナム》、金与正《キムヨジョン》が率いる北朝鮮高位級代表団のソウル訪問は、これまでの閉ざされていた南北対話のチャンネルの再開に大きな役割を果たしました。特に文在寅大統領に対する金正恩委員長の訪朝招請と首脳会談開催の提案は大きな進展というべきでしょう。これは「制裁と対話は両立不可能だ」という従来の立場に固執して我々との対話を拒んできたこととは実に対照的だといえます。

第二に、南北の間には新たな突破口ができましたが、既存の制裁と圧力の戦略は継続して進められています。事実、北朝鮮は国連安保理決議を常習的に違反しつづけ、文在寅政権がスタートした後も一回の地下核実験と一一回の弾道ミサイル実験を敢行しました。私たちにとって到底看過できない挑発です。まさにここから「制裁と最大限の圧力」が代案的戦略として出てきたのです。文在寅政権は国連安保理の場でより強力な北朝鮮制裁決議を引き出すために米国、日本と緊密に協力してきましたし、それを忠実に履行してきました。韓国政府はまた、セカンダリー・ボイコットをはじめとする米国の独自制裁にも参加を決めました。これと合わせて文在寅政権は以前の政権による五・二四措置（対北交流及び協力の禁止）、金剛山《クムガンサン》観光中断措置、そして開城《ケソン》工業団地閉鎖措置などをそのまま踏襲しています。制裁と圧力は明らかに次善の策ですが、これまでの北朝鮮の態度を考えると他の方法を取ることは難しかったのです。北朝鮮が核・ミサイル問題に関連してより前向きな態度を見せるまでは制裁と圧力の戦略を続ける可能性が高いといえます。

第三に、文在寅政権は軍事的抑止とミサイル防衛を核心戦略に据えています。抑止とは報復打撃の能力、意図、そして意志を鮮明に示すことによって敵が軍事挑発できないようにする軍事戦略のひとつです。この戦略はふたつの要素で構成されています。ひとつは韓米連合戦力や韓国の自主防衛体制の強化による通常戦力の抑止です。もうひとつは米国の拡大抑止とそれに基づく核の傘の提供による核抑止です。抑止は主権国家の最も基本的な軍事戦略だといえます。

ミサイル防衛もまた軍事戦略の重要な要素です。これは四つの要素で構成されています。積極的防衛（active defense パトリオット、THAAD、KAMD）、消極的防衛（passive defense 毎月の国家防衛訓練）、攻撃的防御（offensive defense キルチェーン、大規模懲罰報復措置）、そして戦場管理（battle management 指揮、統制、通信、情報、偵察、監視）がまさにそれです。

一部の人々は文在寅政権が強要（compellence）戦略を取っていると主張しています。ここで強要とは、武力の誇示またはそれを使用するという威嚇によって北朝鮮の行動を変化させるための戦略です。抑止が防御的軍事対応ならば強要は攻勢的、積極的な対応です。B1B、B2、B52などの戦略爆撃機、空母打撃群、そして原子力潜水艦などを朝鮮半島へむけて展開することがその代表的な例だといえます。しかし、強要は米国の核心戦略である反面、韓国はこれに消極的に参加しているだけです。

最後に、文在寅政権は北朝鮮の核問題を解決して朝鮮半島に平和と安定をもたらすために、より主導的（leading and proactive）な役割を果たすという立場を表明してきました。大国による「コリア・パッシング」を既定の事実とみなしてきた私たちには、「主導的な役割」という用語がぎごちなく聞こえるかもしれません。しかし、このような構造的制約にもかかわらず、「朝鮮半島の運命は我々が決定しなければならない」という当為論的な使命感に基づいて南北関係を改善し、アメリカ、中国と緊密な協議システムを構築すると同時に、我々の国益に合致する議題の設定と履行にむけて努力しています。

このような四大戦略は一見すると矛盾しているように見えるかもしれません。しかし実際はそうではありません。文大統領はつねに対話と交渉を最優先順位に置いています。しかしながら対話と交渉は状況の変化に合わせて別のオプションと並行させせなければなりません。強調しておきたいのは、文大統領にとって強要、制裁と圧力は、それ自体が目標なのではなく、北朝鮮を交渉のテーブルに着かせるための手段だということです。

「三つのNO」――反核、反軍事措置、反政権交代

前述した四大戦略とあわせて、文在寅政権は三つのことに反対することを明らかにしています。「反核、反軍事行動、反政権交代」という「三つのNO」がそれです。

まず、文在寅政権は独自の核武装に反対しています。一部の保守系の人々は北朝鮮の核の脅威を抑えるために韓国も独自に核武装しようと主張しています。彼らは拡大抑止という概念のもとに提供されている米国の核の傘は「破れた核の傘」であり、韓国が独自に核武装してこそ北朝鮮に対する核抑止が可能だと信じているのです。しかし、二〇一七年一一月一日の国会施政演説でも明らかにしたように、文在寅大統領は韓国の独自核武装に反対しています。米国の拡大抑止と核の傘提供の意志は疑う余地のない確固たるものだと確信しているからです。実際に韓国が核武装の意志を表明すればすぐさま深刻な逆風に晒されることになるでしょう。韓国の原子力産業は焦土化され、米国との長く続いた伝統的な同盟関係も崩壊してしまうでしょう。

韓国経済は国際社会の厳しい制裁を受けることになり、結局は奈落へと落ちてしまうでしょう。韓国の核武装はまた北東アジア全体の核ドミノ現象に火をつけることになるでしょう。文在寅政権はまさにこのような理由から核オプションに反対しているのです。

米国の反対もまた看過できません。米国は「核武装した韓国と北東アジア」を歓迎しないでしょう。核兵器を保有した日本や韓国が米国に無条件に従うことは絶対に無いでしょうし、そのような状況のもとで既存の同盟体制を維持していくのは難しいことです。そうなった場合、米国が北東アジア地域における「覇権的」な影響力を行使し続けることは困難になるのです。このことがまさに、米国が拡大抑止のもとで韓国や日本に核の傘を提供することが米国の覇権的地位の持続を可能にさせていることを示唆するのです。

一部の韓国の論客たちは、独自核武装が難しいのであれば米国の戦術核兵器を韓国に再配備して共有しようと主張しています。しかし文在寅政権は米国の戦術核の再配備が、我々が標榜してきた朝鮮半島の非核化原則や北朝鮮の核兵器の「完全で検証可能かつ不可逆的な廃棄（CVID）」の要求を無力化させることになるとしてこれに反対の立場を取っています。それだけでなく、戦術核の再配備は北東アジア内に深刻な核軍備競争を誘発するでしょうし、朝鮮半島の核抑止においては誤った判断や戦争拡大の可能性を高めて私たちの安全を逆説的に害するかもしれないのです。最近、米国政府の一部の高官たちがこの可能性について言及していますが、戦略、戦術、予算、そして兵站《へいたん》などの要因があるのでこのような要求が受け入れられる可能性は無いと思われます。

次に、文在寅政権は、それが先制的であろうと予防レベルであろうと、いかなる軍事行動にも断固として反対しています。先制的な軍事措置は北朝鮮の報復攻撃とそれにともなう戦争拡大を必然的に引き起こすことになり、朝鮮半島に途方もない人命被害と莫大な経済コストを生じさせる可能性があります。北朝鮮の核兵器も問題ですが、休戦ラインに展開している北朝鮮の通常戦力も我々にとっては大きな脅威です。現在北朝鮮は八〇〇〇基あまりの長射程砲と多連装ロケット砲を休戦ラインに前進配備していて、開戦から一時間以内に二〇〇〇万人が暮らす韓国の首都圏にむけて三〇万発以上の砲弾を発射できるということです。これが私たちが軍事行動という冒険に簡単に同意できない理由です。北朝鮮との戦争で韓国、アジア、全世界が失うものはあまりにも大きいのです。

しかも軍事措置を取ったとしても軍事的・政治的目標を達成できる可能性は希薄です。北朝鮮は一九六二年から「全国土の要塞化」を推進してきました。敵の攻撃に備えて地下貯蔵庫に隠匿している北朝鮮の核資産（核施設、核物質、核弾頭）や移動式ミサイル発射台を除去することは容易ではありません。同じ理由で北朝鮮の政治首脳部を外科的に攻撃・除去するのも難しいでしょう。政治的・軍事的目標も達成できず、朝鮮半島で大規模戦争を触発させるのは望ましいことではないというのが文在寅政権の判断です。

最後に、文在寅政権は北朝鮮指導部の除去による政権交代にも反対です。二〇一七年七月六日のベルリン演説をはじめ、数回の演説を通して、文大統領は北朝鮮の政権交代や韓国主導の吸収統一を追い求めることはしないと明言しました。文大統領は、このような発想は望ましいものでないばかりか実現可能性も無いと考えています。

この方式が望ましくないのは、南北の相互信頼を阻害して北朝鮮の敵対行為を煽ることになるからです。そして短期的に北朝鮮指導部を除去することもまた現実的に蓋然性が低いとみているのです。しかも金正恩政権の崩壊がただちに主権国家としての北朝鮮の終末を意味するものでもありません。現指導部を除去しても、軍部あるいは軍・党による集団指導体制ができて、金正恩政権と似たような行動に出る可能性が高いのです。民衆の抵抗で金正恩政権が突然終末をむかえることも考えられますが、現時点ではこの可能性もまた非常に低いといえます。加えて政治や社会の混乱の中で大量破壊兵器の統制が不可能になるかもしれない点も、文在寅政権が北朝鮮指導部及び政権の急激な交代は受け入れがたいとする理由の一つです。

核問題を解く五つの知恵

北朝鮮が国連安保理の制裁決議に違反し続けている限り、制裁と圧力は避けて通れません。文在寅政権は米国や国際社会との緊密な協力のもとに、北朝鮮に対してより強力な圧力を持続的に加えていくと思われます。

しかし、私は依然として、北朝鮮との対話と交渉の余地はあると考えています。米国の元国防長官ウイリアム・ペリー博士は二〇一七年に『ワシントンポスト』紙への寄稿文で、「まず対話し、後に圧迫する」必要性に言及しています。私はこれに同意します。北朝鮮に対する関与、対話、交渉は、いまもなお北朝鮮への対応として最善の方法だからです。オバマの「戦略的忍耐」政策と朴槿恵《パククネ》の「信頼外交」は、結論的には失敗した政策でした。関与と対話よりは圧力と制裁の側に重心が置かれたことで相互信頼構築の基盤が崩れてしまったからです。にもかかわらず、過去の失敗を北朝鮮と対話しない口実にすることはできません。

現時点で北核問題解決の中心となる当事国は、米国と北朝鮮の二国です。個人的には、数々の敵対的な修辞にもかかわらず、北朝鮮は米国との対話を望んでいると思っています。いま、これをいかにして最大限能動的に導いていくかは、米国にかかっています。

ここで何よりも重要になってくるのがトランプ大統領の役割です。トランプ大統領は不必要な舌戦を避けるべきです。「北朝鮮を完全に破壊する以外には選択肢が無い」「自分と政権のための自殺ミッションを遂行中のリトル・ロケットマン」といった敵対的修辞は逆効果を招くだけです。トランプ大統領は北朝鮮を悪魔化する愚を犯してはならないのです。そして飴と鞭を柔軟に使いこなすべきです。また、米国の同盟諸国、中国、ロシア、国連を含めた国際社会と一緒に、ひとつの統一的な北朝鮮政策を展開すべきです。そして、トランプ大統領は北朝鮮と全世界に向けて、北核問題は平和的に解決されるだろうという明確かつ前向きなメッセージを伝えるべきです。トランプ大統領は自らの著書『トランプ自伝』で明らかにした果敢な交渉の術を、北朝鮮への対応にも適用していくべきだと思います。

この過程で五つのことに注目する必要があります。

その第一は率直さ、相互理解、信頼構築が外交的アプローチの基本原則でなければならないという点です。北朝鮮を悪魔化せずにあるがままを見て、理解する必要があります。我々の本心を率直に明かし北朝鮮の言葉に耳を傾けることによって、互いに収束可能な方策を見出さねばなりません。北朝鮮の言葉に耳をふさぎ、一方的な前提条件を出して叫ぶだけでは前に進み出せないでしょう。北朝鮮を「犯罪者集団」として扱うならば相互不信と敵対の溝は深まるばかりです。

第二に、優先順位を明確に設定しなければなりません。現時点で北朝鮮をめぐる問題は核兵器だけにとどまりません。生物・化学兵器のような大量破壊兵器、サイバーセキュリティの脅威、人権と民主主義、そして住民の生活の質など、さまざまな緊急の課題が山積しています。これらすべての問題の一括解決ができれば、これ以上望ましいことは無いでしょう。けれどもこの方法は状況を困難にするだけです。現在の立場では核問題に集中することが必要です。核問題が解決されれば、他の諸問題もおのずと解決していくでしょう。

第三に、外交的アプローチは実用的かつ現実的でなければなりません。交渉の目標は状況の変化にともない調整する必要があります。北朝鮮の核兵器や核施設等を今すぐ完全に廃棄することはできないという現実を直視しなければなりません。代わりに、北朝鮮の核・ミサイル活動を暫定中断させ、核施設や核物質の検証可能な廃棄によって更なる核兵器の生産を防ぐべきです。北朝鮮は条件が満たされれば核プログラムを中断すると何度も明言してきました。このような観点から、ジークフリード・ヘッカー博士の「凍結、巻き戻し(ロールバック)、検証可能な廃棄」という段階的アプローチは現在でも実行可能な出口戦略となり得るのです。なおかつ二〇〇五年の「九・一九共同声明」や二〇〇七年の「二・一三合意」等の六カ国協議でなされた、既存の合意から問題解決の知恵を模索することができるはずです。

第四に、柔軟な交渉姿勢もまた必須です。韓米合同軍事演習及び訓練の調整、休戦協定の平和協定への転換、北朝鮮の原子力エネルギー及び宇宙衛星プログラムの平和利用の容認、米朝の外交関係正常化など、可能なカードはすべて交渉のテーブルに載せるべきです。単に北朝鮮が要求しているからといってこれらのオプションを排除してはならないのです。もちろん、我々の側もこれに相応する諸般の非核化措置を緻密に要求していかねばなりません。対話と交渉を通じて問題を解決しつつ北朝鮮の意図を把握して、北朝鮮が信義を打ち捨てた時には厳しく責任を問えるようにしなければなりません。とりわけ北朝鮮が望んでいる在韓米軍の撤退や韓米同盟の解体であるとか、我々が望んでいる「完全で検証可能かつ不可逆的な廃棄」は双方が提示している目標です。この相容れない両者の目標の間で新たな落としどころを模索することが外交の妙味だといえるでしょう。

最後に、すみやかに対話メカニズムを復元して包括的かつ長期的なアプローチをしていかねばなりません。このような面で六カ国協議は最適の対話手段です。関連当事国は六カ国協議の枠組みの中で二者、三者、四者、五者会談をすることが可能です。同時に九・一九共同声明は依然として北朝鮮の非核化にむけた最高の外交文書だと考えます。そして北朝鮮の核問題については短期間の解決は難しいと思えるのです。長い目で忍耐強く接近していかなければなりません。

「ポスト平昌」と朝鮮半島の平和

さる二〇一八年二月の平昌冬季オリンピックは実に劇的な反転のドラマでした。北朝鮮が挑発を自制するなかで平昌オリンピックを平和裏に無事に開催したいというのが文在寅政権の願いでした。

結果は、期待以上でした。北朝鮮は開会式に選手団、応援団、芸術団はもちろんのこと、金永南最高人民会議常任委員長と金与正《キムヨジョン》党第一副部長を筆頭とする高位級代表団を派遣してきました。これに加えて文在寅大統領の訪朝を招請し南北首脳会談を希望するという金正恩委員長のメッセージを伝えてきました。そして閉会式には南北関係を総括する金英哲《キムヨンチョル》統一戦線部長を派遣して南北関係を前向きに改善していくという北の意志を表明しました。この一年間の危機の局面を考えるとこれは実に驚くべきことです。

文大統領も北朝鮮のこのような態度変化に肯定的に対応しています。平昌の「平和なオリンピック(peace Olympic)」を「恒久的なオリンピック平和(lasting Olympic peace)」へと発展、昇華させていくというのが文大統領の構想です。言い換えれば、今回の平昌オリンピックを契機に南北関係を改善して信頼構築と平和共存の可能性を高めると同時に、米朝対話再開と非核化交渉の突破口を開いていくということです。

文大統領のこのような意志は、北朝鮮に派遣した特使団から北朝鮮当局へと伝達され、金正恩委員長は六項目の合意事項を通してこれに応えました。

北朝鮮は四月末に、南側の「平和の家」(訳注——板門店にある韓国側施設)で三回目となる南北首脳会談を開催／南北の軍事的緊張緩和のために首脳間のホットラインを設置／朝鮮半島非核化の意志を表明、軍事的脅威が解消されて体制の安全が保証されれば核を保有する理由はない／非核化協議及び米朝関係正常化にむけて米国と対話の用意／対話が続く間は核実験、弾道ミサイル発射等の戦略的挑発はおこなわず核兵器、通常兵器などを南側にむけて使用しない／南側のテコンドー演武団と芸術団の平壌《ピョンヤン》訪問を招請する等の南北合意を公式化しました。

特に注目すべきは、金正恩委員長が「先代の遺訓」だとして非核化の意志を明確にし、特使団に韓米合同軍事演習も例年規模で実施するなら容認できるという立場を明らかにした点です。それだけではなく、韓国の特使団にトランプ大統領への親書を託してトランプ大統領を平壌に招請する用意があるということも表明しました。

ここでまたひとつの奇跡的な反転が起きました。

参謀たちが引き止めたにもかかわらず、トランプ大統領は五月までに米朝首脳会談を開催しようと南北関係の改善が米朝関係改善にも決定的な波及効果を及ぼしたのです。韓国政府の主導的役割のもとで南北、米朝、韓米の好循環の関係が可視化されたことは実に驚異的だと言わざるをえません。

ここで文在寅大統領の「恒久的なオリンピック平和」が、単なる修辞ではなく、ひとつの具体的な現実として近づきつつあることがわかります。南北間の軍事的緊張緩和と信頼構築を超えて「朝鮮半島の非核化と恒久的平和体制の構築」という新たな地平がいまや徐々に開かれつつあるのです。「始まりが半分（訳注——韓国の諺で何事も始めるのが一番難しいという意味）」と言います。そのことだけでも文在寅政権は歴史に新たな一ページを記しているのです。

しかし「悪魔は細部に宿る」という西洋の言葉のように、朝鮮半島の非核化と恒久的平和体制の構築はそれほど簡単なことではありません。北朝鮮はすでに保有している核施設、核物質、そして核兵器の具体的な位置、数量などを申告しなければならず、国際社会はこれを「完全で検証可能かつ不可逆的な廃棄」へと導いていかなければならないのです。また、「行動対行動」の原則に基づいて国際社会は韓国、米国とともに見返りを提示しなければなりません。これはおそらく南北・米朝首脳会談の最も重要な議題になるでしょう。これに関連して韓国と米国はもちろん、関連各国は会談前にすみやかに包括的かつ具体的な対北朝鮮交渉のロードマップを準備しなければならないでしょう。

＊　＊　＊

「米国が戦争を語れば韓国は身震いする」。小説家のハン・ガンが二〇一七年一〇月七日の『ニューヨーク・タイムズ』紙に掲載したコラムのタイトルです。ハン・ガンが懸念したように、二〇一七年の一年間で、四月、八月、一〇月の三回にわたって戦争危機説が朝鮮半島を強打しました。事実、先が見えませんでした。しかしいまや状況は大きく変化しました。南北の指導者が、そして米国と北朝鮮の指導者がもうすぐ会います。非核化と永久平和を論じるでしょう。朝鮮半島の平和と共同繁栄の経済共同体は、もはや単なる談論ではありません。文在寅大統領の誠意ある指導力とタイムリーで柔軟な戦略的対応がこのような結果につながったといえます。

しかし、文在寅大統領も指摘しているように、「今後の二カ月に朝鮮半島の運命がかかっており、逃がしてはならないチャンス」なのです。保守、進歩の二極化を超え、すべての国民が心を一つにして、いま展開されている歴史的な機会をつかみとらなければなりません。

周辺の関係各国も、偏狭な地政学的利害関係を超越して、朝鮮半島の非核化と平和創出に積極的に参加すべきだと思います。

＊本稿は二〇一八年三月二一日に開催された国際シンポジウム「朝鮮半島の核危機」の基調講演のために書き下ろされ、『世界』二〇一八年五月号に掲載された。

4 「追い込まれた米国」が解凍した二五年の先送り
――トランプと金正恩を繋いだインテリジェンスルート

尾形聡彦

史上初の米朝首脳会談が行われた二〇一八年六月一二日。ドナルド・トランプ米大統領は、金正恩・朝鮮労働党委員長との会談後、シンガポール・カペラホテルでの記者会見に一人で臨んだ。

あいまいな内容だったとはいえ、非核化を明記した合意文書の署名にこぎつけたトランプ氏は上機嫌だった。サンダース報道官に「会見をもう少し延長してもいいかい」と聞きながら、記者の質問に一時間以上にわたって饒舌に答え続けた。

印象的だったのは、会見の途中で語ったこんな言葉だった。

「二〇年前か、五年前だったなら、（北朝鮮との交渉は）ずっと簡単だったと思う。オバマ大統領だけを責めているわけではないんだ。この二五年の間に、こうしたこと（首脳会談）が行われるべきだったんだ」

トランプ氏が率直に語ったのは、この二五年間にわたる、歴代の米政権の対北朝鮮政策の失敗だ。四半世紀にわたり、米政府が北朝鮮問題に真剣に取り組んでこなかったことが、いまの事態を生んでいる――。その指摘は正しい。

過去二五年間の失敗

北朝鮮の核危機が最初に大きくクローズアップされたのは、一九九〇年代前半の「第一次核危機」だ。核開発が疑われるなかで、北朝鮮は国際原子力機関(IAEA)の特別査察の受け入れを拒否。北朝鮮は一九九三年、核不拡散条約(NPT)からの脱退を表明した。九四年にかけて米朝対立が深まるなかで、クリントン政権は、北朝鮮の空爆を検討する。当時のウィリアム・ペリー国防長官は、具体的な戦争遂行作戦をクリントン大統領に提出し、数百に上る戦略オプションを示した。

私が米スタンフォード大学に客員研究員として滞在していた二〇〇〇年、ペリー氏は同大学の講義で九四年当時を振り返り、「みんなが思っていたよりも、九四年に戦争に至る危険性はずっと大きかった」と語った。

緊迫した局面だったが、クリントン大統領は最終的に空爆を断念した。それは、「戦争になれば、最初の九〇日間で米軍の死傷者約五万人、韓国軍は約四九万人、民間人を含むと死者は一〇〇万人にのぼるおそれがある」という見通しが示されたためだった。軍事衝突の際の被害が大きくなりすぎることから、クリントン大統領は空爆を回避したのだ。

そして交渉の末、米朝は、九四年一〇月、「枠組み合意」に至る。北朝鮮が核開発を凍結する見返りに、米国側は、重油や、軽水炉型原発の提供を約束する、という中身だった。

この「枠組み合意」は、二〇〇二年、北朝鮮が秘密裏にウラン濃縮型の核開発を行っていたことが発覚したことで、破綻する。

米国はエネルギー支援を停止、北朝鮮はＮＰＴからの再脱退を表明し、米朝の対立は再び深まり、「第二次核危機」に発展した。

ただ、当時の米ブッシュ(子)政権は、二〇〇一年九月の同時多発テロ後に、イラクとアフガニスタンに対する二正面作戦を抱え、北朝鮮に対処する余裕に乏しかった。そうしたなかで、ブッシュ政権は、米朝の二カ国交渉ではなく、中国、日本、ロシア、韓国を加えた「六者協議」の場で、問題に対処することを選択する。

二〇〇五年九月、六者協議は、北朝鮮に、「全ての核兵器と、既存の核計画を放棄する」ことを約束させた共同声明の採択に至った。画期的な合意と思われたが、その後、北朝鮮がマカオの銀行を舞台に行っていた資金洗浄(マネーロンダリング)疑惑から、米国がその銀行を制裁対象とすると、北朝鮮は猛反発。ミサイル実験などを繰り返すようになっていき、〇六年一〇月に初めて核実験を行った。

六者協議などでの交渉はその後も続いたが、北朝鮮は二〇〇九年五月に、二度目の核実験を実施。オバマ政権は基本的に、北朝鮮が具体的な非核化措置を取るまでは交渉に応じない「戦略的忍耐」政策をとり、米朝交渉は進まなかった。北朝鮮は二〇一一年に、金正恩政権となり、それ以後、ミサイル実験や核実験を繰り返していくようになる。

しかし、オバマ政権は、こうした挑発的な姿勢に対して、制裁を強める一方で、実質的に静観する態度を続け、「戦略的忍耐」を続けた。北朝鮮はこの間、ミサイルの精度を高め、核の小型化に向けた努力を続けていったのである。

米国はなぜ後手後手に回ったのか

もともと、米国は核や大量破壊兵器の拡散にはきわめて敏感で、そうした動きを常に阻止しようとしてきた。二〇〇三年には、大量破壊兵器を隠し持っている疑いがある、という理由で、イラク戦争に踏み切っている。にもかかわらず、大量破壊兵器どころか、核やミサイル実験を繰り返していた北朝鮮を、米国が「放置」したのはなぜなのだろうか。

首都ワシントンでの歴代のホワイトハウス高官たちの取材から見えてくるのは、二つの理由だ。

一つは、「北朝鮮の政権がいずれは自壊するだろうという思い込み」、そしていま一つは「対北朝鮮政策の優先順位が低かった」という点だ。ブッシュ政権やオバマ政権の高官らからは、「国際社会の経済制裁を受け続けている北朝鮮の政権が長続きするわけがない」という空気が伝わってきた。大量の脱北者が出るなかで、北朝鮮の経済の惨状が伝えられるにつけ、米政権内では、「北朝鮮問題に積極的に対処しなくても北朝鮮は内部から崩壊していくだろう」という感覚が強かったように思う。

そうした他力本願のような意識が強いなかで、ブッシュ政権は、イラン、アフガニスタンとの長期化する戦争にどう対処するかに、政権の体力を注ぎ込んでいた。

またオバマ政権は、イランとの核合意やキューバとの国交回復、そして中国との間の南シナ海問題に、注力していた。オバマ政権終盤の二〇一六年、私は、オバマ政権高官に「オバマ大統領の遺産（レガシー）として、北朝鮮問題に対処することはないのだろうか」と聞いたことがある。二〇一五年末から一六年初め頃の一時期、米国務省を中心に、北朝鮮との二国間交渉を進めるべきだという意見が出ていたことがあったからだ。

蹴り落とされ続けた「北朝鮮問題」という缶

オバマ政権高官の答えは、「政権には、もう北朝鮮に対処する時間がない」というものだった。

その頃オバマ政権は、オバマ大統領の広島訪問などの調整に忙殺されていた。私は、高官の言葉を聞きながら、北朝鮮問題の優先順位が低いことを肌で感じた。

ブッシュ政権の元高官は、そうしたオバマ政権の姿勢について、「次の大統領は、ヒラリー・クリントン氏になると思っていただけに、クリントン政権で解決される問題だと考えていたのではないか」と私に語ったことがある。民主党政権が次の八年も続くと考えたオバマ政権は、北朝鮮問題を、クリントン政権へと引き継ごうと考えていたのだろう、という指摘だ。

共和党政権だったブッシュ・ホワイトハウスの高官が、民主党政権のオバマ・ホワイトハウスを擁護するのは珍しい。ただ、たしかに、オバマ政権高官たちは、クリントン氏が大統領選を勝利するものと固く信じていた。というより、民主党側も、共和党側も、米メディアも、二〇一六年の大統領選の最後まで、クリントン氏が勝利するとみていたのは、周知の通りだ。オバマ政権が、「北朝鮮問題は、次の大統領に対処してもらえばいい」と考えるのも無理はない。

ただ、それは、やはり先送りでしかない。それはとりもなおさず、米国の歴代政権が、北朝鮮問題に正面から向き合ってこなかったことを意味する。

米国では、「先送り」を意味する言葉として、「缶を坂の下に蹴り落とす kick the can down the road」という表現がある。蹴り落とされ続けてきた「北朝鮮問題」という缶を、最後に受け止めざるを得なくなったのが、二〇一七年に誕生したトランプ政権だったのだ。

金正恩氏と会うことは「光栄」

二〇一七年一月に大統領に就いたドナルド・トランプ氏は、北朝鮮の金正恩・朝鮮労働党委員長と話し合う姿勢を前年の大統領選のときから示し、問題解決に意欲を示していた。それは、「戦略的忍耐」で北朝鮮問題を事実上放置してきたオバマ大統領に対する対抗心の表れといっていい。

「北朝鮮との間で、大きな、大きな紛争になる可能性がある」

トランプ大統領がこう語って耳目を引いたのは、大統領就任から三カ月後の一七年四月末のことだった。ただ、このとき同時に、金正恩氏を持ち上げてもいる。「(独裁者の地位についたとき)彼は二七歳だった。彼の父が死に、政権を引き継いだわけだ。それは簡単なことではないですよ。特にその年齢ではね」

自分自身も若くして父親から事業を継いだ経験を持つトランプ氏が、金正恩氏を自分に重ね合わせるかのような発言だった。

トランプ大統領は五月初めには、「もし私にとって彼と会うことが適切なら、そうすることを光栄(honored)に思う」、とまで踏み込んだ。米国の大統領が、北朝鮮の独裁者と会うことを、「光栄」とまで表現するのはきわめて異例だ。米国内では、トランプ氏がそうした表現をつかったことが物議を醸すほどだった。

トランプ政権の認識を一変させた五月の出来事

トランプ大統領のこうした一連の発言の背景にあったのは、米情報当局(インテリジェンス・コミュニティー)による、北朝鮮の核開発の現状についての分析だった。

政権に近い関係者によると、トランプ大統領が就任した当初、米情報当局は「北朝鮮が、米本土を狙える核ミサイルを配備するまでにはまだ少なくとも二年程度はかかる」と分析していたという。

米当局は「北朝鮮は、すでに二〇~六〇発の核弾頭を持っている」と分析する一方で、「その弾頭を運搬するミサイル技術や、弾頭が大気圏に再突入する際に発する高温から核弾頭を守る技術を開発中」であり、それらが完成するまでに、まだ少なくとも二年程度はかかるとみていたのだという。

北朝鮮に対し、硬軟織り交ぜたメッセージを発するトランプ大統領の言動の背景にあったのは、「まだ一定の時間はかかる」という米情報当局の分析だった。

そうした米政権内の認識を一変させたのは、北朝鮮が五月に発射した弾道ミサイル実験だった。

二〇一七年五月一四日、北朝鮮は、弾道ミサイル「火星12」を発射する。ミサイルはロフテッド軌道で飛び、高度二一〇〇キロまで達した。米情報当局や軍事関係者たちを驚かせたのは、ミサイルが約三〇分にわたって飛翔したことだった。

「実質的なICBMだ」

トランプ政権に近い関係者は私にそう語った。米当局にとって、北朝鮮のミサイル技術がここまで進んでいたことは驚きだったという。米情報当局は、それまで「完成までは少なくとも二年程度はかかる」とみていた、北朝鮮による米本土を狙えるICBM配備までの時間を、「一年程度で完成させることもありうる」と、短縮せざるを得なくなったという。

北朝鮮と交渉する時間は一定程度あるとみていたトランプ政権は、この五月のミサイル発射を受けて、時間が限られていることを認識せざるを得なくなった。

北朝鮮は、米国の独立記念日である七月四日にも弾道ミサイルを発射し、約三七分間飛翔させる。さらに七月二八日にも、弾道ミサイルを発射して、約四五分間飛翔。米国防総省は、北朝鮮の弾道ミサイルが、射程五五〇〇キロを超えるICBMだ、と公式に断定した。

「炎と怒り」

弾道ミサイル発射を繰り返し、開発の進展を誇示する北朝鮮に対して、トランプ大統領はいらだちをあらわにし始めた。

トランプ大統領は一七年八月八日、北朝鮮が挑発を続ければ、「世界が見たこともないような炎と怒り(fire and fury)に見舞われることになる」と語り、米国の核兵器使用を示唆する発言を始める。関係者によると、北朝鮮のミサイル技術の急伸を受けて、米政府内では軍事オプションの検討が進み、日本政府内でも緊張感が高まっていった。

そんななかで、北朝鮮は九月、六回目の核実験を強行する。水爆実験とみられる大型の核実験だった。これに対し、米国ら国際社会は、北朝鮮に対して厳しい制裁を科し、米朝対立はさらに緊張の度合いが高まった。

北朝鮮は一一月二九日には、新型の弾道ミサイルを発射。ミサイルは五〇分以上も飛翔し、技術のさらなる進展を誇示するものだった。これに対し、トランプ大統領は、金正恩氏を「小さなロケットマン。彼は病んだ子犬だ」と揶揄し、挑発合戦も危険水域に入った。

核武力完成という〝転機〟

北朝鮮による一一月二九日の弾道ミサイル発射で、米朝対立が抜き差しならない局面に入っていったと思われていたなかで、実は見逃せない動きが出始めていた。

北朝鮮は二九日のミサイル発射で、「核武力完成の歴史的大業を果たした」と国内に向けて伝えたのだ。金正恩氏は、二〇一八年の新年の辞でも、「核武力が完成した」と強調。北朝鮮が核武力を開発したのは、「抑止のため」だとして、核兵器を米国に対して先に使うことはない、という立場を示唆したのだ。

このとき水面下で動き始めたのが、韓国だった。韓国は、米朝が軍事衝突に至るおそれが高まり、朝鮮半島が戦場になりかねないことを強く憂慮していた。

トランプ政権に近い関係者によると、韓国の文在寅政権は一月、北朝鮮からの対話のサインを察知すると、トランプ政権を説得。韓国が北朝鮮との交渉を始めることへの同意を、水面下でトランプ政権からとりつけていたのだという。

これが、二月の平昌オリンピックの際の、南北の連携につながっていく。

南北の交渉が進み始めると同時に、米国と北朝鮮が直接交渉するルートも機能するようになる。関係者によると、もともと米国は、三種類のバック(裏)チャンネルを通じて北朝鮮と交渉しようとしていたが、これらの外交ルートはほとんど成果をあげられずにいた。

トランプ政権に近い関係者は「そんなとき機能するようになったのが、米中央情報局(CIA)と、北朝鮮の情報当局との間のチャンネルだった」と明かす。ポンペオCIA長官が主導した情報機関(インテリジェンス)ルートだった。

米国の外交は、伝統的に国務省が主導するのが普通だ。ところが、トランプ大統領とそりが合わないティラーソン国務長官が率いる国務省は実質的に外され、ポンペオCIA長官が水面下で裏ルートの交渉を仕切る形になっていたという。ＣＩＡは、韓国の情報当局とも連携し、北朝鮮との接触を続けた。

その裏の交渉チャンネルが表面化したのは、三月八日に、トランプ大統領が、ホワイトハウスの大統領執務室で、韓国大統領府の鄭義溶《チョンウィヨン》・国家安保室長らと会談したときのことだった。

裏ルートを知らなかった国務省と国防総省

政権に近い関係者によると、韓国の鄭室長に会う前、トランプ大統領は、ポンペオＣＩＡ長官経由で、「その場で、金正恩氏側からの米朝首脳会談についてのメッセージが伝えられる可能性がある」という話を聞いていたのだという。

会談には、マティス国防長官、マクマスター大統領補佐官（国家安全保障アドバイザー）、そして、外遊中だったティラーソン国務長官の代理の国務省高官が同席した。

関係者によると、同席した三人は、裏ルートでそうした話が進んでいることは知らず、会談の場で、鄭室長から話を聞いたトランプ大統領が、「（米朝首脳会談に）応じる」と即答したことに驚いたのだという。

その夜、トランプ大統領は、韓国の鄭室長に、ホワイトハウスのウェストウィング前で米朝首脳会談に応じる意向を発表させる。米国務省は外されたままだった。

このときの事情に詳しい関係者によると、外遊中だったティラーソン国務長官は、米朝首脳会談に応じる意向を示したトランプ大統領を政権内で批判したという。その批判が引き金になって、ティラーソン氏は一三日、トランプ氏からツイッターで解任された。

後任の国務長官に指名されたのは、CIA長官として、北朝鮮の裏ルートを仕切ってきたポンペオ氏だった。

その後は、ポンペオ国務長官が表から、北朝鮮との交渉を担当するようになり、二度にわたって北朝鮮を訪問。六月一二日に、シンガポールで、トランプ大統領と金正恩委員長の会談を行う道筋をつける。五月二四日には、トランプ大統領がいったん、首脳会談の中止を発表したが、北朝鮮側が開催に向けた強い意欲を示すなど双方が歩み寄った。

そして、六月一二日、三〇度を超える暑さのなかで、史上初の米朝首脳会談が行われた。

史上初の米朝首脳会談はなぜ行われたのか

歴史的なトランプ―金会談が行われた理由については、「一一月の米中間選挙を控え、トランプ大統領が、政治的な成果を求めていた」といった見方が少なくない。

もちろん、中間選挙は一つの重要な要素ではあるが、私は、①過去二〇年以上にわたって米国の対北朝鮮政策が失敗し、北朝鮮が米本土を狙える核ミサイルの配備に大きく近づいてしまったなかで、米国は北朝鮮と対話せざるを得ない状況に追い込まれていた、②外交上の普通のしきたり(プロトコル)にこだわらないトランプ大統領の性格が、首脳会談の実現に寄与した――という二つの要素が大きかったと考えている。

すでに述べた通り、九四年の枠組み合意以降、米国は、北朝鮮政策で有効な手を打てず、米国が最も恐れていた「核兵器の開発」を許してしまうに至った。北朝鮮が二〇〇六年に核実験を行って以降も、六者協議などの場で交渉は続けてきたが、米政権は「北朝鮮が核ミサイルで米本土を狙えるようになるまでにはまだまだ時間がある」と考え、「国際的な経済制裁で苦境にある北朝鮮は、いずれは内部から崩壊する」という希望的観測もあり、対北朝鮮政策に本腰を入れてこなかった。

ところが、二〇一七年にトランプ政権が誕生した直後の五月、北朝鮮が行ったミサイル実験によって、実質的なICBMがほぼ完成してしまっていることを知った米国は慌てる。米国にとっては、「北朝鮮と対話するか」、「軍事攻撃をするか」のどちらかを選ぶよりほかない、という状況に陥りつつあったのだ。

北朝鮮が核兵器を保有している以上、戦争になれば在韓米軍で大量の死傷者が出る。そればかりか、米ジョンズ・ホプキンス大学の研究グループによると、東京やソウルに核ミサイルを落とされれば、一〇〇万人規模の犠牲者が出かねない状況下にあった。

トランプ大統領は、軍事攻撃も辞さない考えを示していたが、米軍や同盟国の市民におびただしい数の犠牲が出かねない施策をとることは、実際は非常に困難だ。トランプ政権は対話路線に転じざるを得ないところに追い込まれていた。韓国が対話の糸口をつかんだことは、トランプ政権にとって「渡りに舟」だったのだ。

北朝鮮のスタイルにうまくはまった「トランプ流」

いま一つは、トランプ式の交渉スタイルが、北朝鮮の独裁者である金正恩委員長の手法と、合致したという点だろう。

米国の外交は、スタッフレベルから徐々に上へと積み上げていく「ボトムアップ型」だ。オバマ政権時代は、スタッフレベルでまず政策を協議し、それを各省の局長級の会議で議論し、さらに各省の次官級で調整。そのうえで、閣僚級の会合で方向を決め、オバマ大統領の最終判断を仰ぐ、という仕組みだった。

トランプ大統領の場合はまったく異なる。前述したように、首脳会談に至る北朝鮮との初期交渉では、本来は外交政策の主軸を担うはずの国務省を外し、自身が信頼するポンペオＣＩＡ長官に秘密裏に交渉を進めさせた。米外交政策で国務省が蚊帳の外におかれる、というのは、異例中の異例の事態だ。

さらに、北朝鮮側から首脳会談を求める意向が韓国経由で伝えられた際に、トランプ氏が会談に応じる考えをすぐに示したことも、外交の常道からいえばありえないことだ。通常首脳会談というのは、スタッフレベルでの下交渉が十分にでき、一定の成果が得られることがわかってから、最終段階で調整されるものだからだ。

実際、オバマ政権時代は、北朝鮮が具体的な非核化措置を取るまでは、スタッフレベルの交渉にも応じないという「戦略的忍耐」政策がとられていた。北朝鮮が非核化措置を拒否していたことから、交渉自体が始まらない状況のまま月日が過ぎていった。

これに対しトランプ氏は、二〇一六年の大統領選の期間中から、金委員長と会うことをいとわない姿勢をみせ、大統領就任後も、首脳会談への意欲を見せ続けた。トランプ氏は、北朝鮮側が非核化の意思を見せる必要性を口にはしていたものの、「首脳会談」というカードはその前から切っていた。

通常の米国の外交では最後に切るカードを、一番に切ったのがトランプ流だったといえる。本来はリスクが大きすぎる、常識外の手法だが、北朝鮮に対しては意外に有効だったといえる。

過去の日朝交渉や、韓国と北朝鮮の南北交渉では、北朝鮮側との下交渉が非常に難しかったという。北朝鮮の高官たちは、準備段階でも「悪いようにはしない」といったあいまいな言い方を最後まで繰り返し、具体的な内容に言及しなかったという。何が出てくるかは、実際の首脳会談になるまでわからなかったのだ。

独裁国家である北朝鮮では、首脳がすべてのカギを握っており、それ以下の幹部たちは政策の方向性について実質的な議論をできない状態だった。それは、トランプ大統領の意向で大半の方向性が決まってしまう、いまのホワイトハウスに共通する。首脳にしか物事を決められない米朝両国にとっては、最初から首脳会談を行う、という選択肢が実は合理的だったのである。

米朝首脳会談の〝成果〟をどう見るか

六月一二日に、トランプ、金両首脳がシンガポールで署名し、トランプ氏がその場で記者団に掲げてみせた共同声明は、要約すれば、

- 米国と北朝鮮は、新たな二国間関係を築く
- 米国は北朝鮮に体制を保証する
- 四月二七日の（南北首脳会談での）「板門店宣言」を再確認し、朝鮮半島の北朝鮮は、完全な非核化に取り組む

という内容が書かれているにすぎない。二〇〇五年の六者協議の際の共同声明と比べても、今回の共同文書は具体性を欠き、見劣りするものだ。非核化に向けたスケジュールや工程表もなく、道筋は不透明だ。北朝鮮外務省は、首脳会談後の七月初めの米朝高官協議後に、「米側の態度と立場は実に遺憾」とし、「進展があった」（ポンペオ国務長官）との食い違いをみせている。

ただ、米朝関係で最後に問題となるのは「トランプ大統領と金委員長の関係」だろう。非核

化に向けた具体的な道筋は依然はっきりしないが、数カ月前には軍事衝突の危険が迫っていた両国が、戦争を回避し、首脳同士が対話する状態になっていることは過小評価すべきではない。

実際、六月の首脳会談は、トランプ、金両氏が、ぶっつけ本番で向き合ったわけではない。トランプ大統領が米朝首脳会談に応じる意向を初めて示した三月、私は、政権に近い関係者から、首脳会談実現に向けて三つの条件があると聞いた。

それは「北朝鮮が拘束する三人の米国人の解放」「米韓合同軍事演習を、北朝鮮は非難しない」「金委員長が公の場で、非核化に向けた意思を語る」――の三項目だった。

金委員長は、その条件を段階的にクリアしていく。まず三月に、米韓合同軍事演習について非難しない意向を打ち出し、四月末の南北首脳会談で非核化の意思を打ち出し、五月には拘束されていた三人の米国人を解放した。米朝間の交渉ルートは具体的に機能していたといえる。

そして、実現した六月一二日の米朝首脳会談。印象的だったのは、トランプ大統領の態度の変化だった。トランプ氏は、最初の二人だけの会談の冒頭では、言葉少なで、ワーキングランチの際にもていねいに握手していた。それが、午後の署名式の段になると、場を仕切って記者の問いかけに何度も答え、いつものトランプ節を取り戻していた。首脳同士の信頼関係を築いたことへの自信と満足感がみてとれた。

一方、金委員長にも興味深い言動があった。一二日、両首脳が共同文書の署名を終えた直後のことだ。二人は外に出て、トランプ大統領の大統領専用車「ビースト」に近づいていった。

トランプ大統領は、スタッフにドアを開けさせて、専用車の中を金委員長に見せたのだ。大統領を守るための専用車の中身は、本来は最高機密だ。それを、トランプ大統領は、金委員長に見せていた。

金委員長は興味深そうに中をのぞき込み、トランプ氏に笑顔をみせる。その表情は、いつもの独裁者然とした姿とは違う、子供のような姿に見えた。

二人は一定の信頼関係は築いたように思える。その内実は、今後、具体的に非核化プロセスが進むかどうかで試されることになる。

実は米中の綱引きの側面も

今後の米朝関係を左右する、もう一人のプレーヤーは、やはり中国だろう。というのは、六月の米朝首脳会談の前後でも、中国がどう介在するかで、北朝鮮の態度が変わったからだ。

トランプ政権に近い関係者によると、三月八日に、トランプ大統領が米朝首脳会談に応じる考えを示した際、中国は米朝の接近ぶりに衝撃を受けたのだという。

核実験やミサイル発射など、北朝鮮が挑発的な行動を二〇一七年にとり続けたことに、中国の習近平国家主席はいらだちを強めていた。関係者によると、金委員長は、トランプ氏が米朝首脳会談に応じる意向を示す前の段階で、中国を訪問して習主席に会うことを要請していた。

しかし、習主席側は回答を保留していたという。中国は、米朝が裏チャンネルで交渉を重ねている内実を、十分にはつかんでいなかったからだ。それだけに、三月八日にトランプ氏が首脳会談に応じる意向を示したことで、中国は「虚を衝かれた」（トランプ政権に近い関係者）のだという。

さらに、中国は、北朝鮮側が「米韓合同軍事演習を非難しない」という米国が出した条件に同意したことに、二重の衝撃を受けた。なぜなら中国はそれまで、「北朝鮮がミサイル実験を停止する」のと引き換えに、「米韓側は合同軍事演習を中止する」という案を提唱していたからだ。

北朝鮮が「米韓合同軍事演習を非難しない」ことに合意したことは、北朝鮮が中国の側ではなく、米国側についたことを意味する。中国が受けたショックは大きかった。

ここから中国は巻き返しに出た。

関係者によると、習主席は、保留にしていた金委員長の訪中要請を受け入れ、三月に中朝首脳会談が実現。さらに、その後、習主席は、金委員長を中国に招待し、五月に二度目の中朝首脳会談にこぎつけた。

二度目の中朝首脳会談後、北朝鮮側に重大な変化が生じる。米韓の合同軍事演習を批判し始めたのだ。北朝鮮が、米韓合同軍事演習を非難することは、米国との約束に反する。つまり、北朝鮮は、いったんは米国側についていた立場を変え、再び中国側についたのだ。

これに驚き、いらだちを強めたのは米国側だった。トランプ大統領は、中国の揺さぶりに憤りを示すようになり、こうした北朝鮮の「約束違反」が、いったんは首脳会談が中止とされた原因になった。

結局、六月一二日に米朝首脳会談は実現した。ただ、その一週間後、金委員長と習主席は三度目の中朝首脳会談を行った。依然として中国はキープレーヤーの一人であり、中国の働きかけ次第で、北朝鮮の行動は変わりうる。

米朝関係がどうなるかや、非核化の行方は、実は米中の間の駆け引きに左右される部分も大きいことを、忘れてはならないだろう。

5　朝鮮半島「非核化」の先を見据える習近平

朱建榮

中国も陰の主役

米朝首脳によるシンガポール会談は歴史に刻まれるだろう。わずか数カ月前まで戦争突入の危機が迫っていたのだから、両首脳の握手と合意文書の調印に、全世界はホッとした。その成果への評価はまちまちだが、第二次大戦後の冷戦構造が残した最後の化石――朝鮮半島の南北分断と軍事的対峙――にかつてないような深いひび割れが生じたと言える。それは半島にとどまらず、東アジアの国際関係ないし地政学的構図にも変化をもたらすきっかけになるかもしれない。

今回の歴史ドラマの舞台でスポットライトを浴びたのはトランプと金正恩という二人の対照的な指導者だった。トランプ大統領はその特異なキャラクターと行動力、そして「利益」への異常に鋭い嗅覚(もっとも短期的利益だが)により、北朝鮮からのオリーブの枝を素早くキャッチし、首脳会談に大胆に応じ、半島の非核化にこれまでの歴代大統領がためらってきた一歩を踏み出した。

金正恩委員長はこれで華々しい国際デビューを果たし、祖父の故金日成主席以来長年求めて果たせなかった米大統領との対面交渉を実現し、去年までの「強硬・保守・閉鎖」のイメージを一変させ、柔軟、大胆、オープン、意欲的との姿を世界に印象付けた。その変身ぶりを目の当たりにし、敵味方を問わず、小国ながらたくましい知恵と行動力を有し、大国に挟まれながら賢く立ち回り、生き抜く道を心得ていることに、感心せざるを得ない。

一方、だれでも知っているように、北朝鮮の背後に中国という大きな存在がある。かつての朝鮮戦争では、実際には「義勇軍」と称した中国の正規軍が死力を尽くして、国連軍の中核をなす世界最強の米軍と戦った。二〇一八年三月以降のわずか三カ月の間に、金正恩は三度も訪中して習近平国家主席と懇談した(その父親の金正日も亡くなる前の一年に五回訪中した)。これだけを見ても、中国を抜きにして北朝鮮問題を語れないその重みが伝わってくる。

金正恩は国内でのカリスマ性はもちろん、韓国や他の国の指導者と会った際も、対等さを強調するが、北京の人民大会堂で習近平と会談したとき、自らノートを用意してメモを取った。妹の金与正《キムヨジョン》も文在寅・韓国大統領と会見したときは顎を高くしてプライドを前面に出したが、大連で習近平と握手した際は、深々とお辞儀をした。中朝関係にはやはり何か「特殊」なものがある。その意味で、半島情勢の最近の変化及びその行方に、影の主役の一人が中国であることを否定することができない。

ただ中国が一体、半島情勢にどのような役割を果たしているかについては、評価は大きく分かれている。三月上旬に米朝首脳会談が合意された直後、その交渉プロセスから中国の影響力が排除され、「蚊帳の外に置かれた」との論評が多かった。しかし金正恩がその後二度も訪中し、シンガポール首脳会談の直前になってトランプが突然会談中止を発表すると、大統領本人のツイッターを含め、評論家の多くは「中国が北朝鮮を「唆《そそのか》して」在韓米軍の撤収など自国の利益を優先した過大な要求を出させたため」との中国悪者論の見方がどっと現れた。ところがシンガポール首脳会談が成功裏に終わった後、中国こそ「最大の勝者」と、米日の多くのメディアの記事はそのような見出しを使った(1)。

中朝関係の本質を見極めるのに長いスパンが必要

中国の役割に関する評価はどうしてこんなに矛盾し、幅が広いのか。結論から言えば、一つは中国と朝鮮半島との関係史に対する理解の欠如であり、もう一つは習近平主席の「新時代外交」への認識不足のためだと思われる。

現在の中華人民共和国は一九四九年に建国し、半島の南北両政権との関係は一般的に朝鮮戦争の開戦過程と休戦後の構図によって決まったと受け止められる。国際関係の図式を見るだけならこれでいいが、その本質的特徴、外部からは不思議に見える起伏が激しい関係を理解するには、朝鮮戦争以来の歳月より二〇倍、三〇倍長い両者の関係史から見なければならない。

習近平主席は二〇一七年四月、フロリダでトランプ大統領と初会談した際（ここで半島の非核化をめぐる米中協力が正式に合意された）、中国と半島との「数千年の歴史」に言及したと伝えられている。(2) 確かに中国指導部とエリート層は半島の現実問題を見る上で、千年以上の恩讐交わる複雑な関係を踏まえて、独特な視点と独自な対処法を形成している。

中国の歴代王朝の支配した中心地域は黄河流域だったが、その中でも重心が東に絶えず移動し、一三〇〇年前の則天武后以降、各王朝の都や事実上の政治中心地はすでに長安などの内陸部から黄河中下流地域にシフトした。それにより、現東北三省の地域にあった騎馬民族の諸政権、および朝鮮半島の動きは中国の歴代王朝にとって経済・文化のみならず、安全保障上でも特別に気を配る対象になった。一四世紀末にできた朝鮮の李王朝は、儒教思想による統治を徹底し、「中華秩序」を支える支柱でもあった。一方、朝鮮半島に外部勢力が侵入するたびに、中国の歴代政権は国運をかけて介入した。一六世紀末、豊臣秀吉軍の朝鮮侵略に対抗するため、明王朝は二〇万人以上の大軍を派遣した。それにつぎ込んだ莫大な財力と軍事力により国内の対応に手が回らず、滅びる重要な一因となった。一九世紀末に起きた日清戦争に清王朝は最精鋭の陸軍と北洋艦隊を出動させたが、その敗北により、「中華秩序」は完全に崩壊し、政権の崩壊も加速した。一九五〇年に勃発した朝鮮戦争も、すでに明らかになったように、毛沢東が

「蚊帳の外」に置かれたまま金日成とスターリンが企画し発動したが、いざ国連軍が鴨緑江まで迫ると、中国首脳部は大きなリスクを押して数十万人の「人民義勇軍」を送り込むことに踏み切った。

中国にとって、朝鮮半島は自国の安全保障の根幹に係る地域として通常の隣国以上の、重大な関心を持つ国である。

半島政権が中国に見せる二つの顔

長い歴史上、朝鮮半島の歴代政権は中国に対して「臣属」する姿勢をよく見せ、「事大主義」の傾向があると言われるが、真実はそんなに簡単なものではない。

半島の政権にとって、地続きの唯一の隣国であり、あらゆる面において大国である中国と接するのに、ある意味では「事大主義」はサバイバルの知恵として生まれたと見ることができる。それは何でも中国の提灯持《ちょうちんも》ちを務めることを意味しない。内政上の独立、中国に劣らない文化の構築、そして外交上のバランス感覚がその「事大主義」と表裏一体の均衡関係を成すものだ。

「事大主義」は中国を「利用する」ツールとしてかなりの価値があった。経済・貿易ないし国境問題で便宜を図ってもらうために、リップサービスをする代わりに実利を得る手段として幾度も成功した。また、第三者からの脅威に直面した場合、中国の力を引っ張り込む大義名分でもあった。

筆者はかつてベトナムから、中国との関係を次のように分析した。朝鮮半島の政権が見た中国と共通するものがあるので、参考までに引用しておく。

中国の存在は極めて大きく、全歴史を通して対中関係がベトナム外交の中心を占めたといっても過言ではない。「北属期」はいうまでもなく、一〇世紀後も一九世紀半ばに至るまで、歴代王朝はその正統性を認めてもらうため中国皇帝から「冊封」を受け、三年に一度の「朝貢」という特別な関係を続けた。一九世紀後半以降、ベトナムがほかの大国の脅威にさらされたとき、中国は常にそれを相殺する対極として重視された。一方、民族アイデンティティを確立するため、ベトナムは中国に対する独立、対等の意識をもち、たとえば中国を「北国」と呼び、自分は対等の「南国」だと自称した。

そのような矛盾の現れとして、ベトナムは中国に対する多大の期待をするかたわら、中国から抑圧・軽視されている、という被害者意識も強かった。また、中国に対して独立、対等を強調するが、半島南西部の諸民族や隣国に対しては、いわゆる「小中華」である一面を前面に出し、絶えず勢力拡張をはかった。第三国からの脅威がない大半の時期において、中国封建王朝の大国主義・内政干渉に対して強く抵抗し、その内乱に乗じて中国の広西地域に攻め入ることも何回かあった。だが、第三国から侵略を受けると、普通の二国間関係以上の支持と支援を中国によく求めた。一九世紀八〇年代に起きたフランスの侵略に対し、当時のベトナム王朝は清王朝の出兵を強く要請し、実際にのべ十数万人の中国兵がベトナム北部と国境地帯に出動した。二〇世紀五〇―六〇年代、ベトナムはフランス、米国の侵略を受けた際も、中国に対して「同志プラス兄弟」と呼ばれる特別な支持と支援を期待・要求したのである。（朱建栄『毛沢東のベトナム戦争――中国外交の大転換と文化大革命の起源』東京大学出版会、二〇〇一年、一二頁）

北朝鮮は建国以来、平和時は中国のシンパ（「延安派」など）を粛清し、中国による「内政干渉」を常に拒否したが、米国などの脅威にさらされると、「中国は我々を全力で守る義務がある」と力説する、という繰り返しだった。二〇一七年末までの数年間、北朝鮮は核とミサイルの開発に全力を注ぎ、中国からいくら釘を刺されても馬耳東風と聞き流した。しかし米国からの軍事攻撃の危険性が高まり、国連安保理の厳しい制裁決議に遭遇し、苦境打開のため対米交渉に臨む緊急の必要性に迫られると、二〇一七年までの中国への名指し批判をまるで忘れたかのように、金正恩が立て続けに北京詣でをした。普段は中国を遠ざけ、緊急時は中国を巻き込む、という伝統的知恵は常に生きている。

抱擁しながら互いに腹芸

このような背景があって、正恩が三度目に訪中した際、通常の国家間関係では考えられない言葉を連発した。彼は六月一九日の中朝首脳会談後に行われた歓迎会で、「社会主義を守り、朝鮮半島と地域の新たな未来を切り開いていく歴史的な旅で、中国の同志と一つの参謀部で緊密に協力・協働する」と語り、さらに「今日、朝中が一つの家族のように苦楽を共にし、心から助け合い、協力している姿は、朝中両党・両国関係が伝統的な関係を越えて古今東西に類のない特別な関係に発展していることを内外にはっきりと示している」と発言した。翌二〇日、習近平との昼食会でも金正恩は「朝中は家族のように親しい」と話した(「金正恩委員長「中国の同志たちは一つの家族・参謀部」」韓国『朝鮮日報』二〇一八年六月二一日)。

この発言について日本の記者は「その裏に中国の支援があったことを印象づけるものだ」と解説した(「正恩氏、中朝関係称賛」『朝日新聞』朝刊、二〇一八年六月二〇日)が、厳密に言えば、「あった」のではなく、「これから支援を取り付ける」ために使った、中国に対する切り札的な説得文句と見た方がよい。

中国側指導者はだいたい、そのような口車に乗せられて支援の大盤振る舞いをするが、実はもっと深い読みもある。歴史上、類似した賛辞を十いくつもの「朝貢国」から、耳にタコができるほど聞かされていた。実利を得たい相手の思惑を完全に見透かしている中国は逆手を取って、一定のアメを与える代わりに、国境の安定、周辺地域への影響力確保といった大国が追求する戦略的価値にプライオリティを置いた。中国自身も多民族国家であり、近代までチベットや新疆、モンゴルなどの地方政権に対して実利をたくさん与え、その内政にほとんど不干渉だったが、これらの地域が中国の版図内にとどまるとの「核心利益」を勝ち取った。それに比べれば、朝鮮半島の政権やベトナムなどは朝貢国とはいえ、版図外の「他国」である。そのため、その内政と外交をコントロールするのは中長期的に見て無理だと割り切って、小国の求める実利と大国が求める長期的な戦略価値との交換をやってきた。

金正恩は三回目の訪中で、「非核化の方針を示し、米側と合意文書まで調印したのだから、次は中国から国連安保理の制裁決議を緩和するよう働きかけてほしい」と申し入れ、習近平は「建設的な役割を果たしていく」と答えたと伝えられている。六月末、中国とロシアは確かに共同で、「安保理の制裁決議を緩和せよ」との声明案を出した。北朝鮮の核・ミサイル実験の中止、非核化に向けた前向きな行動に応え、それを奨励する必要があるとの立場であり、事実上、トランプも認めた「行動対行動」の方向に沿うものだ。しかし冷静に見れば、それは北朝鮮に見せる「善意」であっても、他の安保理理事国から支持されない限り実効性を伴わないものであることを知った上での行動だった。中国は、北朝鮮の経済や安全保障上の利益に配慮が必要と表明しつつ、半島の非核化という最優先目標を取り下げていない。

韓国の聯合ニュースが匿名の中国政府当局者の話として報じたところによると、シンガポール首脳会談の結果を受けて中国は、北朝鮮に対する制裁の緩和や解除を「非核化の進展に連動させる」との方針を決めたという（「中国、北朝鮮に対する制裁緩和を非核化進展に連動させる——聯合ニュース」『ブルームバーグ』二〇一八年六月二〇日）。北朝鮮が実質的な非核化に向けた行動をとるまで中国が先に制裁解除に動くことはないと解釈することができる。

二羽のウサギを同時に追いかける北京

中朝首脳会談について、北京の研究者から「双方の言動における温度差」に注目した興味深い分析が出ている。北朝鮮からは軍と政府の首脳がこぞって訪中して中国との関係の全面的回復に意欲を示した。正恩の李雪主《リソルジュ》夫人が同行し、中国語で習近平に挨拶するなどして、習近平が彭麗媛夫人とともに平壌を公式訪問することを暗に促した。それに対し、中国は送り迎えのランク、首脳会談に臨む出席者の顔触れを前回と変えず、習近平の発言も「国内情勢がどんなに変わろうと、中朝関係の重視、朝鮮人民への友情、社会主義朝鮮の支持という三点は変わらない」との「一貫性」を強調し、これは暗に北朝鮮側に対し、米朝会談で約束した非核化の方向を変えないのが一番重要と念を押した（曾九平「金正恩の三度目訪中、熱烈さの裏に温度差」米国中文サイト「多維網」二〇一八年六月二一日）。

中国のネットでは正恩の「熱烈訪中」に関してほぼ歓迎ムードだが、警戒する分析も複数出た。北朝鮮側は中国との親密ぶりを見せるほど、対米交渉における立場が強くなる。それだけでなく、北朝鮮が今後、米側から嫌われる強硬姿勢をとったり、十分に起こりうる紆余曲折が生じたりすれば、米側は再び、中国の「唆し」だと怨み、米中間の亀裂拡大につながる。それこそ北朝鮮の狙いではないかとの指摘もある。

中国は今、北朝鮮の核問題で二羽のウサギを同時に追いかけているように見受けられる。優先的目標は依然、非核化であり、変わっていない。正恩が簡単に核を手放すはずはないことを、北京はよく分かっている。直近までの米側の軍事圧力、安保理の厳しい制裁決議があったからこそ、北朝鮮はようやく非核化の交渉に応じたが、圧力が緩むと非核化も遠のく。したがって中国は、非核化のプロセスを前進させるためには米軍によるある程度のプレッシャーは今後もやむを得ないと考えており、国際社会の協調を自ら壊すことはあり得ない。

中国が追いかける二羽目のウサギは、北朝鮮の非核化をめぐる対米協力を通じて、米中関係を改善し、少なくともこれ以上関係を悪化させない「ビッグディール」だ。

経済規模の面で一〇年以内に米国に追いつくことを中国は国家戦略としており、そのためには米国との正面衝突を絶対に回避したい。一方の米国では中国に追い上げられ、唯一の超大国という地位の喪失を恐れる不安感が急速に広まっている。中国に対する貿易制裁、台湾へのテコ入れ、南シナ海への軍事圧力強化など、様々な建前上の理屈があるとはいえ、北京から見れば所詮、中国の追い上げを抑え込む口実に過ぎない。

一方、中国から見れば、米国内部は当面の利益を重視するトランプ政権と、中国の台頭を封じ込めることを最重視するエスタブリッシュメント層の二大勢力に分かれている。後者が仕掛ける新冷戦を回避し、トランプ大統領との間である種の妥協を成し遂げるには、貿易、市場開放の側面で一定の譲歩を覚悟するとともに、北朝鮮の非核化実現に向けた協力は数少ない重要な取引カードである。

その意味で、半島の非核化に対する中国の取り組みは本気である。北朝鮮に対して、米国は正面から圧力と実現への交渉を続け、中国は「前に進めばあなたの安全も経済発展も保証する」と正恩を説得しながらその背中を押している。事実上の米中役割分担は今も続いていると思われる。

北京はむしろ、トランプ政権の移り気を心配している。中間選挙や再選のために北朝鮮の非核化を進める派手なパフォーマンスを見せているが、ほかのことに主要な関心が移った場合、非核化をめぐる国際協調をこれまで通りに重視するかどうか。また、米側は中国が「核心利益」と見なす台湾問題で揺さぶりを強めている。米議会では、台湾当局との接触ランクの格上げ、ハイテク兵器の供与増加、ひいては台湾との共同軍事演習も認める決議が相次いで採択されている。台湾問題をめぐる米中対決が本格化すれば、北朝鮮の非核化をめぐる米中間の協力崩壊が必至だ。それこそ、大国同士の仲間割れによって再度の起死回生のチャンスが生まれることを一番待ち望む北朝鮮の思うツボだ。

「非核化」後の半島への展望

現時点で「非核化」後の半島情勢を予測するのは正直に言ってまだ早い。紆余曲折、波乱は幾度も待ち構えているはずだ。ただ、いくつか確実に言えることはある。習近平政権はただこれまでの延長線上で半島の行方を見ていないこと、「非核化」が実現すれば半島のこれまでの関係構図に間違いなく大きな変動が生じること、である。

習近平主席はやはりこれまでの歴代指導者と違う。国内では二〇五〇年までの新しい三段階発展戦略を確立し、対外的には「一帯一路」構想、「人類運命共同体」の理念を相次いで打ち出している。朝鮮半島に関しても、これまでの発想・構図にとらわれない視点を持っているように考えられる。

外部では、中国は北朝鮮に対し、非核化の交渉過程で米韓合同軍事演習の中止、在韓米軍の撤退を要求せよと「唆している」との見方が結構ある。これは明らかに習近平政権の思考様式が分からない憶測だ。

中国はもちろん、在韓米軍の縮小・撤退を望んでいる。ＴＨＡＡＤ（終末高高度防衛ミサイル）の撤収も韓国側に求め続けている。ただ、これらのことを非核化交渉に絡ませる考えはない。

なぜなら、中国から見れば、朝鮮戦争の終結が本当に宣言され、非核化が実現する暁には、だれかれの思惑と関係なく、地球上に最後に取り残された半島での冷戦構造は音を立てて崩壊していく。その段階になれば、中国がとやかく言わなくても、プライドの高い韓国から当然、在韓米軍の扱いについて問題が提起される。北朝鮮の核の脅威を理由に導入したＴＨＡＡＤの配備理由もなくなる。したがって、何よりも非核化を逆戻り不能なレベルまで押し上げるのが最優先されるべきだと中国は考えている。在韓米軍やＴＨＡＡＤの扱いなどに関しては「順其自然」(自然な成り行きに任せる)でよい、とのスタンスだ(中国外交筋の言葉)。

もう一点、中国は絶対的に北朝鮮を緩衝地帯として守りたい、とのステレオタイプの見方を変える必要がある。伝統的に中国は常に半島全体を地政学的に捉えていたが、国力や近隣諸国との力関係が劇的に変化した中で、どうして今後の外交戦略において半島全体に絶対視野を広げることが絶対にないと言い切れるのか。

東京で開かれた半島問題に関するセミナーで、基調講演した政治学者の小此木政夫氏は次のように展望した。

今まで朝鮮半島では中国か米国かという感じできたと思うが、これからはそれが変化して、南北ともに中国と米国双方を同様に考える傾向が高まっている。当然北朝鮮もかつてのように中国だけに頼るというのではなくて、今後は米国との関係を正常化していくわけなので、中国も米国もという姿勢が強まっていくだろう。

その指摘に対し筆者は「中国は、今後朝鮮半島に対して、中国も米国もという立場を容認していくのは間違いない。冷戦構造自体が打破されて崩れていくのを大きい枠として望むということである」とコメントした（『東アジア経済情報』二〇一八年六月号、東アジア貿易研究会、一五頁）。

非核化の前進に伴い、南北分断を前提とした安全保障観が挑戦を受けるのは日本も同じだ。半島の南北分断が自国の安全保障に有利だと内心思う日本人は少なくないだろう。元陸将（西部方面総監部幕僚長）の福山隆は数年前、国防問題講演会で次のように語っている。

金日成は日本防衛の功労者であり、私個人としては北朝鮮に少々のお金をやってもいいのではないかと思っています。極論をすれば朝鮮半島というのは南北二層に分かれた絶縁体で、中国という一〇〇万ボルトの電圧が日本に迫ってくるのを、防いでくれているのです。それに加えて韓国には、在韓米軍が配置されています。だからもっと大事なことは我々が中国から防衛するためには、南北分断をずっと継続することです。（福山隆「朝鮮半島の地政学一〇則」国防問題講演会記録『日本の国防』第六八号）

しかし、この構図が本格的に崩れる可能性が出てきた。日本はこのような半島の地殻変動に対して本当に心構えができているか。これまで「最大限の圧力」を叫んでいたのも、自衛隊の海外出動が一段とやりやすいこと、国内での選挙対策に有利との計算があったからとも思われるが、半島非核化の実現、在韓米軍の縮小ないし撤収を「想定外」としてきたためであろう。

今ほど、科学技術も発展戦略もそして国際関係もコペルニクス的転回が発生する時期はない。朝鮮半島に対する先入観抜きの観察、柔軟で建設的な対応が特に日本外交に求められている。さもなければ、北東アジアの地殻変動に係るメインプレイヤーの地位から脱落する。

[注]

1 『ワシントンポスト』(二〇一八年六月一二日)の記事の見出しは「The biggest winner of the Trump-Kim summit is China」。CBS放送(六月一二日)HPの記事の見出しは「Is China the "big winner" in the historic Trump-Kim Jong Un summit?」。『ブルームバーグ』記事の見出しも「China Gets Everything It Wanted From Trump's Meeting With Kim」だった。日本『ビジネスジャーナル』の分析記事(六月一三日)は「中国、米朝首脳会談を実質コントロールか…」の見出しを使った。

2 『ウォールストリート・ジャーナル』(二〇一七年四月一二日)に掲載したトランプのインタビュー記事によると、トランプは習近平が語ったことを次のように証言した。「彼はその後、中国と朝鮮の歴史を説明した。北朝鮮ではなく朝鮮(半島全体)の話だ。数千年にわたる話で、多くの戦争があった。朝鮮は実際には中国の一部であった。一〇分聞いた後、それほど簡単ではないことに気づいた」。

6　米朝核交渉と日本外交

田中　均・太田昌克

「非核化」とはなにか

——歴史的な南北首脳会談を経て、米朝首脳会談の実現が、紆余曲折を経ながらも追求されるなど、朝鮮半島の情勢が大きく動いています。まず、太田さんより一連の流れの中でどのような点に注目されているか、うかがいたいと思います（編集部注——本対談は五月二七日段階の状況を反映したものです）。

太田　本日はよろしくお願いいたします。今回の流れの中で特徴的な点は、事前の外交交渉を下から積み上げていくのではなく、韓国やアメリカのインテリジェンス（情報機関）関係者が中心となって、いきなり大きな舞台をつくりあげて、首脳というキープレイヤーに登壇してもらう台本を作ったことです。

今回の動きのキープレイヤーの一人である韓国のインテリジェンスのトップ、徐《ソ》薫《フン》国家情報院長は昨年(二〇一七年)末から北朝鮮のカウンターパートとして動きはじめています。そして、米朝間の、いわば仲人役をつとめる形で、米国のインテリジェンス機関であるCIA(中央情報局)と連携し、今回の大きなトラックを作りました。

米国は過去の対北朝鮮交渉においては、北朝鮮担当の外交官や「核のプロ」である不拡散問題の専門家を中心に、そうしたトラックを築いてきました。二〇〇〇年秋には当時のクリントン大統領による訪朝の是非が焦点化する局面がありました。この時の訪朝オプションは結局、ブッシュ氏の大統領当選によって霧消したことになっています。同年一〇月のオルブライト国務長官の訪朝を受けて米朝ミサイル協議が進められたのは良かったのですが、合意内容をまったく詰めきれなかったために、大統領訪朝を決断できなかったという経緯があります。国務省で朝鮮部長を務めた経歴も持つ朝鮮半島専門家のデービッド・ストラウブ氏に最近、「あのとき、大統領訪朝はなぜ実現しなかったのか」と尋ねたところ、「事前のミサイル交渉で話を詰めようとしすぎた」と答えていました。

当時、マレーシアで行なわれたこのミサイル協議には、アメリカからは核不拡散問題のプロが深く関与し、北朝鮮からも実務者が来て交渉したのですが、北側の主張は、「クリントン大統領が訪朝さえしてくれれば、悪いことにはならない」の一点張りだったというのですね。米政府の事務方にしてみれば、明確な成果も見込めない中で大統領を平壌《ピョンヤン》に送り出すのは難しい。結局、交渉は進まず、クリントン大統領の訪朝も見送られました。歴史に「If(もし)」はありませんけれども、仮にあのとき訪朝が実現していれば、その後、かなり違う展開になっていたはずです。その歴史の教訓に学んだのかどうかはわかりませんが、今回は「米朝首脳会談ありき」という舞台設定で南北が交渉を始めた。

少なくとも、ポンペオ国務長官が平壌に行き、北朝鮮に拘束されていた三名の米国人を連れ戻すときまでは、私が聞いている範囲では、核に関する実務交渉はほとんど行なわれていなかった。もちろんお互いが「非核化」とその「見返り」をめぐってボールを投げ合っていましたが、具体的な事前折衝が行なわれていたわけではないようです。

シンガポールでの首脳会談はいったん中止され、さらに再交渉が続き、その実現は予断を許しませんが、いずれにしても米朝間での交渉は行なわれることになると思います。その際に主題となる「非核化」とは、実に幅の広い概念です。たとえば、米国による「核の傘」の問題をこの「非核化」に含めるのかどうか。いわゆる「原子力の平和利用」、つまり将来の原子力発電や医療用アイソトープ利用などはどう扱うのか。北朝鮮が獲得済みの核燃料サイクル技術、すなわち再処理・ウラン濃縮の技術をどうするのか。NPT（核兵器不拡散条約）の下では平和利用の権利が当然認められていますから、それとの整合性をどう取っていくのかなど、さまざまな問題があります。また、過去の国連決議は核不拡散についての書き方がやや曖昧な部分があり、北朝鮮をNPTに復帰させる過程で、北朝鮮に対し不拡散政策の具体化をいかに迫っていくのか、ということも問われます。非核化実現はとてもチャレンジングで技術的にもハードなテーマなのです。

仮に六月に米朝首脳会談が開かれるとしても、そうしたディテールまで合意に至ることは難しいだろうと思います。実務者が核廃棄のロードマップ（行程）の詳細を煮詰める前に、まずは両首脳が会って大きな方向性と原理原則を打ち出す。まず原則合意を優先し、ディテールを先送りする道筋をたどっていくのではないかと思います。

外交を通じて何を実現するのか

――交渉スタイルの違いを踏まえ、首脳同士の関係構築から入っていくアプローチが試みられたというご指摘ですね。田中さんは、いまの米朝関係をはじめ、全体をどうご覧になっていますか。

田中　まず、北朝鮮がなぜ核開発をしているのか、という根本的な点を考えることが大事だと思います。北朝鮮の核開発の動機は、経済的には大きく出遅れている中で、核兵器を持つことによって自分たちの安全を担保するために違いありません。一九八〇年代の後半から彼らは本格的に核開発を始めましたが、一直線に進んだのではなく、その途中で、核開発と対比する形で各国からの経済協力などを得ていく、あるいは核実験などの瀬戸際作戦を行なうという揺れが何度もありました。一九九四年の朝鮮半島核危機の時期の米朝枠組み合意もそうでしたし、二〇〇二年の小泉(純一郎)総理訪朝のときも、六カ国協議の合意ができた二〇〇五年の九月もそうでした。

この根っこのところ、すなわち北朝鮮が自分たちの安全のために核兵器を持つという判断を変えて、国際社会との共存を図る選択をするか否かということが、この問題のすべてです。ですから、非核化が最終目的ではないのです。みな「非核化」「非核化」と言うけれど、それは違う。非核化されたらそれでおしまいという話ではまったくない。

私たちは核を保有する北朝鮮と関係を正常化するつもりはないし、周囲の国々もそれは同様でしょう。だから非核化とは、北朝鮮が南北融和や他の国々との関係正常化を進めていくうえでの必要条件なのです。南北だけでなく、日朝の間でも関係正常化を進めていく、米朝も正常化をする、そのために、まず核兵器のない平和体制を作ろうということがいまの動きの根本です。すなわち非核化とは関係正常化の前提であって、それ自体が目的だというわけではない。

したがって、これから先、東アジアにどういう国際環境を作っていくのかということも、当然のことながら非核化の進め方と関係してきます。非核化の見返りについての議論がよく行なわれますが、単に経済協力をどうするのかといった話ではなく、そのあり方は、どういう国際関係を我々が作りたいのかということと一致させなくてはいけない。北朝鮮が非核化し、南北が交流を進め、将来的には南北統一も視野に入れる形で国際関係が進んでいく。それを周囲の国々は助けなくてはならないし、その点で日本は誠実さをもって対応していかなくてはいけないでしょう。

（南北首脳会談で出された）「板門店宣言」では、必ずしも南北の交流と非核化は条件づけられていません。それらは別々にも起こりうることになっている。けれども、米朝首脳会談が頓挫し、非核化が進まず、それでも南北交流が進むかといえば、それは難しいでしょう。金大中《キムデジュン》大統領や盧武鉉《ノムヒョン》大統領の太陽政策は、まずあたたかく光を当てることを選び、そこでは北朝鮮が核兵器の開発を中止するか否かは不問にしました。当時の段階では、それで良かったのだと思います。しかし現在の状況は違います。文在寅《ムンジェイン》大統領も、非核化が進まない中で南北交流や経済協力を進めていくことは難しいと考えているでしょう。

私たちもまた、朝鮮半島の非核化を進めていく中で、日朝国交正常化や拉致問題の解決を進めていく、朝鮮半島の平和づくりを意識しながら行なっていくべきです。そういう大きな絵を見失ってはいけないと思うんですね。

太田　核兵器とは、結局のところ、国家間の関係の歪みによる産物です。猜疑心や相互不信、イデオロギーや国家体制の違いにも根差した敵対心、そうした歪みの象徴なのですね。核を保有するに至ったどの国を見てもそうです。インドとパキスタンがその最たる例であるし、北朝鮮もその流れにある。ですから、本質を問うていけば、核兵器に依存しながら国家の安寧を図ろうとする背景にある国家間関係の歪みをどう解消し、相互不信を克服していくのか、そして最終的に互いが核兵器に依存しなくていい安全保障環境をどう構築していくのか、という問題に行き着かざるを得ない。北朝鮮の核ミサイル危機はこんな根源的な問いをも現代社会に突きつけているのだと考えます。田中さんのお話をお聞きして、あらためてこの重要なポイントを認識しました。

トランプ政権の外交姿勢をめぐって

田中　先ほど太田さんが言われたように、南北にしても米朝にしても、交渉の中心となっているのはそれぞれの国の情報機関です。これは無理からぬ面があって、北朝鮮という国と交渉するとわかりますが、基本的に北朝鮮の外務省の人は情報を持っていない。北朝鮮という国の特性として、たとえばＣＮＮやＮＨＫなどの各国の報道も自由に視聴できるわけではありません。各地から送られてくる情報を承知しているのは情報機関であって外務省ではない。したがって、交渉しようと思えば、その時に力を持っている軍や党の情報機関を相手にせざるをえない。

私が交渉したときも、相手は外務省の人ではありませんでした。第一外務次官だった姜錫柱《カンソクジュ》は交渉の途中で一、二度は出てきましたが、自分たちは核や拉致の話はできない、と率直に言っていました。私の交渉相手も情報を持つ国防委員会の軍人でした。北朝鮮という国と交渉するときには、情報を持っていて権力に直結している人を相手にしないと意味がないということです。それは民主主義国家であればイレギュラーなことです。しかし相手が北朝鮮であればしょうがないことです。

太田　一方のアメリカも、この点ではイレギュラーともいえる状況になっています。マイク・ポンペオ氏が国務長官になるまでの話ですが、私が耳にしているのは、ジョセフ・ユン氏が北朝鮮担当特別代表を突如辞任した背景には、国務省が事前交渉から完全に排除されていたことがあったという事実です。ある国務省関係者は最近、私に対し「exclude（除外する、排除する）」という単語を使いながら「国務省は外されていた」と複雑な心中を吐露していました。

しかし、いまや核兵器保有国となってしまった北朝鮮の非核化の行程を描くのは、とてつもなく大変な作業です。専門家の助力なくして、それを進めることは困難でしょう。つい最近（二〇一八年五月九日）、ポンペオ氏が平壌で交渉を始めましたが、私がゴールデンウィークにワシントンで聞いた話では、この段階ではまだ国務省の核不拡散問題のプロたちにホワイトハウスから行程表作成をめぐる正式な指示は下りていませんでした。もちろん国務省では核不拡散関係の部局が「頭の体操」を始めてはいましたが、トランプ政権の米朝首脳会談に向けた対処方針、とりわけ非核化の行程を描く作業が空洞化していたというのが私の印象です。

――板門店宣言では、朝鮮戦争の終戦などのヴィジョンが示されています。この方向性をトランプ政権はどう考えているでしょうか。

田中　北朝鮮に対してどういう外交目的、安全保障上の目的を持って交渉するのかは、国によって違います。アメリカの場合、二〇一七年末に出された「国家安全保障戦略」を読めばわかります。彼らの基本的な認識は、中国とロシアはアメリカが作った秩序を変えようとしている修正主義者であるから、これに力で対抗する、イランと北朝鮮は専制体制国家で地域の安定と平和を著しく阻害している、まして核の開発となると、これはアメリカにとっても脅威であるので、その脅威の除去をする。これがアメリカの目的です。北朝鮮との関係で具体的に言えば、アメリカに届くＩＣＢＭ（大陸間弾道ミサイル）と核弾頭を排除していくということです。

一方、韓国の目的は異なります。韓国は北朝鮮と同一民族ですから、同一民族が一つになりたいというのは民族の願望として当然のことであり、韓国の政治において南北統一はもっとも重要な問題の一つです。その南北融和と南北統一を実現していくうえで、核兵器があっては困る、という話です。

そして中国にも当然、中国の目的があります。北朝鮮の核兵器開発が現在ほどでなかった段階では、北朝鮮という国家が潰れない、ということが中国の最大の安全保障上の利益でした。だからこそ彼らは北朝鮮への本格的な経済制裁には加わらず、生かさず殺さず、という政策をとってきた。しかし今は違います。北朝鮮が核兵器を開発してしまった以上、それは中国にとっても大きな脅威となるからです。北朝鮮は小国ですから、ある意味で核を脅しに使うこともありえる。また、もうひとつの大きな脅威は、北朝鮮が核兵器保有国になった段階で、間違いなく韓国で、そして日本でも核保有をめぐる動きが出てくる、核保有のドミノ現象が起こるのではないかという点です。私は日本が核兵器を持つようなことにはならないと思いますが、少なくともそのような議論が起きてくること自体、中国にとって極めて不都合なことでしょう。そのような認識がありますから、中国もやはり北朝鮮の非核化を進めたい。そのプロセスで北朝鮮が崩壊しても仕方がないと考えた時期もあるだろうと思いますが、米中関係が悪化していることで、中国はやはり北朝鮮を支援しようという方向に再び動いたと思います。

では、日本にとってはどうか。拉致問題ばかりが強調されていますが、実際にはそれだけではないわけです。二〇〇二年に小泉総理が訪朝した際の状況もそうでしたが、日本のこれだけ近くにある北朝鮮という国が、拉致をする、麻薬を垂れ流す、不審船を送る、核やミサイルを開発する、こうしたことのすべてが日本にとっての脅威です。ですから、日本にとっての真の利益とは、いかに安定的な朝鮮半島を作るかということなのです。それには非核化が大前提ですが、それだけで朝鮮半島の平和が成るわけではない。分断国家が対峙している状況は日本にとっても具合が悪いのです。ここがアメリカとは少し違うところです。アメリカは自国に核兵器が届くようになった場合、それを何としてでも阻止する、ということが利益になるのですが、日本の場合は、中距離ミサイルも拉致も、さまざまな問題になります。

日本は北朝鮮をめぐって、より包括的な考えを持たなければならないでしょう。短期的・中期的・長期的な絵を描くべきです。非核化の議論はもちろん重要なことで、過去の歴史や非核化をめぐるこれまでのやりとりを十分踏まえて議論しなければならない。この点で、非核化の問題は、太田さんがよくご存じのように、白地に絵を描くわけではなく、過去の長い積み重ねがあるのだし、核物質の取り扱いや処理の問題も、北朝鮮独自の話ではなく、リビアやウクライナ、南アフリカなどさまざまなケースが過去にあります。こうした過去の経験や議論を踏まえて、北朝鮮に対してはどのような核廃棄の管理体制がありうるのか、議論していくべきです。

加えて、全体の方向性を忘れてしまわないことが重要です。いったい何のために交渉をし、何を求めて会議をやろうというのか。朝鮮半島の分断の克服、安定、非核化という議論に国際社会が取り組もうというときに、日本は拉致問題にしか関心がないのか、と思われたらうまくないでしょう。日本の国益を考えるならば、もっと大きな絵を描かないといけないと私は申し上げたい。

「力による平和」とディール外交

太田　今回、アメリカの外交目的が自国に届く核兵器の阻止にあるという点は間違いないと思うのですが、トランプ政権が東アジアにおける戦略的な絵図をどこまで描いているのか、よくわからないところがあります。「国家安全保障戦略」や「核態勢の見直し（NPR）」（報告書）を読んでいても、「力による平和」という基本的理念は見えるのですが、冷戦構造の残る東アジアが抱える多くの矛盾をどう解決し、恒久的な平和体制を作っていくのか、それが見えてこないのです。

実際の例では、二〇一八年三月にトランプ大統領が署名した「台湾旅行法」がその典型です。台湾の政府関係者との相互訪問を推奨する内容なのですが、台湾問題については、これを核心的利益と考える中国と利害調整しながら政策を進めていくべきですが、アメリカはむしろ、それを阻害する要因を自ら作っています。米中間の貿易問題については、トランプ大統領が選挙中から公約していたアジェンダですから理解できなくもないのですが、大きな外交上の戦略的絵図も描ききれない中で台湾旅行法を通してしまった。その結果、中国は北朝鮮核問題を「対米カード」として有効活用することを考えるようになる。アジアから見ると、このようなアメリカの外交政策の立案には不安を感じますね。

田中　基本的にその通りだと思いますが、トランプには何かしらの戦略があるんでしょう。不動産業を経て大統領に就いたトランプという人は、大統領として統治する対外政策についても、基本的に取引の世界の考え方で処しています。トランプ大統領が一旦首脳会談をキャンセルしたのも、非核化について北朝鮮の態度が煮えきらないのを見て、このままでは有利な取引ができないと見ての判断なのでしょう。

取引の考え方は、まず取引を開始する前に相手に対するテコを作る。それも、相手が不都合に思うようなテコを作る。中国との関係において、トランプ大統領が何をやりたいか。当面は北朝鮮でしょう。北朝鮮との交渉において中国に協力させるという優先順位が高い。その際に、テコとして貿易についての膨大な要求をする。台湾旅行法のような法律を通す。しかし、中国にしてみれば、台湾はもっともセンシティヴにならざるをえないテーマです。そこにあえて触れるのは、トランプ政権にとっては取引における「テコ」であり、このテコを使って他のことを動かそうと思っているのかもしれない。しかし、中国にとってみれば、それはむしろ北朝鮮問題よりもプライオリティが高いということになってしまう。このようなボタンの掛け違いを見ると、今のところ修羅場には至っていないにしても、中国という国をまだ理解できていないのではないかと思いますね。

「リビア方式」と「新START方式」

――トランプ政権では強硬派のボルトン氏が安保問題の補佐官に就任し、北朝鮮が彼の言動に強く反発し、米朝首脳会談がいったんは中止が宣言される状況にもなりました。こうした展開をどのように見るべきでしょうか。

田中　南北首脳会談の実現に対して、本来、真っ先に大歓迎するべき日本はなんとなく煮え切らない対応をしていますが、トランプ大統領は当初、大歓迎したわけです。韓国からの特使として、徐薫国家情報院長、鄭義溶《チョンウィヨン》国家安保室長がやってきて、トランプ大統領に伝言を伝えたら、その場で米朝首脳会談をやると即決しました。こんなことは、これまで考えられなかったことです。アメリカという国は、膨大な情報機関と膨大な外交力があって、当然のことながら自分が確かめて直接話をしない限り、他の国が言ってきたことをそのままやる、ということはありえない。しかし今回、トランプ大統領は当初「やる」と言った。しかし時が経つにつれ、非核化についての思惑の違いが出てきた。

私は、ボルトンの主張がそのままアメリカ政府の政策になるとは思いません。強硬論をぶつけることで交渉の相場感をあげていくのが彼の役割だと思いますが、いずれ交渉の本番が訪れるはずです。その際、非核化をどのようなペースで、どのような方法で進めていくのかが、きわめて重要なテーマとなります。

北朝鮮側は「非核化は一方的なものではない」と言っている。しかし、ボルトンは「非核化は一方的なものだ」と言う。ボルトンは「リビア方式」と言っています。リビアでは、二〇〇三年にカダフィ大佐が核兵器の放棄に同意し、米英の情報当局がリビアからの申告を受けて検証しながら、核をアメリカに持っていって廃棄し、その上で経済制裁を解除しました。それが非核化というときの彼らの発想です。

しかし、北朝鮮側からすれば、アメリカからの脅威に対抗するために核兵器を開発しているのであって、その脅威がなくならないのであれば核兵器を放棄することにはならない。ですから、核兵器を放棄していくことには同意するけれども、そのプロセスの中では自分たちの不安を埋めるものをきちんと保証せよと求めている。それは平和協定や国交正常化であったり、経済協力であったり、あるいはアメリカが核を朝鮮半島に持ち込まないということであったりするでしょう。

基本的なコンセプトとして、北朝鮮がすべての核を廃棄するのが先だ、という構えで交渉が成立するかというと、私はそれは無理だと思います。そこはアメリカもある程度考えないといけない。「リビア方式」といっても、リビアと北朝鮮では核の開発段階がまったく違います。今の北朝鮮がどれだけ核のアセット（資産）を持っているのか、核弾頭が二〇発なのか五〇発なのか、プルトニウム型なのか濃縮型なのか、どのような場所でどのような規模でやっているのか、ミサイルの保管場所はどうなのか、よくわかっていませんが、リビアと相当違うことは間違いない。

核なのですから、廃棄するプロセスも複雑で、安全の確保が必要です。中国が核実験場について深刻な問題意識を持っているのも、放射能漏れの危険性を考えてのことです。ですから、早い段階でＩＡＥＡ（国際原子力機関）の調査を入れるなど、核の安全に関する専門家が入る必要があります。単に核を廃棄してアメリカに持っていけばいいという話ではない。それを「リビア方式」と言ってしまうのは短絡的です。

太田　リビアの時は、査察要員が現地に入ったら、一部の遠心分離機の資機材がまだ梱包されたまま保管されていたそうです。それらをそのままアメリカに搬送したという実例なので、今回の北朝鮮のケースとは全然レベルが違います。にもかかわらず、なぜボルトン大統領補佐官が「リビア方式」をやたらと強調するのか。もちろん一番高めのボールを投げてプレッシャーをかける意味もあるのでしょうが、「リビア方式」がボルトン氏本人の成功体験であり、追求したい非核化モデルなのでしょう。田中さんは直接、外交現場で接しておられたと思うのですが、私も彼に取材をして感じるのは、彼がリビアの事例を非常に誇らしく思っていたということです。ブッシュ(子)政権下のアメリカ外交はイラク戦争が泥沼化し、暗いニュースばかりだったのですが、リビアは確かにクリーンヒットだった。その「夢よ、もう一度」ということなのでしょうが、重要な点は、リビアと北朝鮮の核開発のレベルは格段に違う、その現実を踏まえるべきだということです。北朝鮮にしてみれば、「リビア方式などまったくのお門違い」ということでしょう。

田中　何をもって外交として成功と評価するのか、ということでしょうね。南北首脳会談はまぎれもなく成功でした。そして、板門店宣言の内容を具体的に実施していくのが現在のテーマですが、それは米朝の首脳会談を経なければ実現できない。では、仮に米朝首脳会談が開かれた場合、どういう結果を作れば成功と評価されうるのか。

まず、失敗ということを考えると、今回のような平和的プロセスに入る前の段階、すなわち平昌オリンピック以前の閉塞的な状況下で軍事的・経済的な圧力が高まっていた状況に逆戻りすることになる。単に同じ状態に戻るのではなく、軍事的オプションが、より現実味を増して語られることになるでしょう。このような状況は避けなければいけない。

では、成功とは何か。もっとも好ましいのは、極端に言えば、北朝鮮が核を一括して放棄するということです。ボルトンの言う「一方的な核廃棄」です。核保有の状況を申告して検証して廃棄する、それが終わらない限り経済制裁は解除されない。その条件を北朝鮮が受け入れるということです。しかし、実際にはそうはならない。それは、北朝鮮の核廃棄は極めて複雑であるという物理的な理由と、なぜ彼らが核開発をしてきたのかを考えればわかることです。そうすると、やはりロードマップのようなものを作って段階的に進めざるをえないのではないかと思います。

重要な点は、北朝鮮に明確な核廃棄、ＣＶＩＤ（完全かつ検証可能で不可逆的な非核化）といわれている核廃棄を実行させるということです。現段階で、北朝鮮の核開発の中身は誰も把握していない。それに対して完全に検証ができて、後戻りできない形での核廃棄を進めていくことが重要です。核廃棄のステップとしてそれは当然のことです。

これまでの北朝鮮の核問題対応に関する反省点は、検証できる結果にならなかったことです。もちろん、北朝鮮は、アメリカが信頼できないという口実を口にします。たとえば米朝枠組み合意で、北朝鮮は核開発プログラムを凍結し、軽水炉型原発二基に置き換えることを約束したけれども、その後のブッシュ政権は枠組み合意を嫌って、そこから離れていこうという意識だった。だからあの枠組み合意が崩れたのだと北朝鮮は言う。しかし我々にしてみれば、「いや、あなたがたが隠れて核開発をしていたんでしょう」と言いたくなる。

その後、二〇〇五年の六カ国協議の合意の際には、検証できる形で核廃棄をすると書かれていますが、これも検証の方法について煮詰められていなかった。六カ国協議による早期解決のためにと寧辺《ニョンビョン》核施設に付設している冷却塔の爆破をするようなことはやったけれども、やはり北朝鮮は核開発を本当に放棄していたわけではなかった。これも北朝鮮に言わせれば、まさにそれを進めようとしている最中にアメリカに金融制裁をされた、と。それでアメリカは信用できないと言っているわけです。このような悪循環がある。

ですから、北朝鮮の核廃棄を検証できる後戻りできない形で完全にやってくれというのは正しい議論だけれども、北朝鮮が疑心暗鬼になってしまうのもわかる。また、ボルトンが米韓合同軍事演習に（核を搭載できる戦略爆撃機の）B52を持ってくると発言したことなども、北朝鮮は言いがかりの材料にする。それは言いがかりではあるけれど、やはり彼らから見ればアメリカは信頼できるのかという不安が根底にある。だからこそ、彼らは韓国と中国の両方の袖をつかんだわけです。この袖をつかんでいれば、一方的な非核化に北朝鮮がノーと言っても中国や韓国は理解してくれるのではないか、交渉が決裂したときに中国や韓国が軍事的衝突を防ぐ手立てを打ってくれるのではないか、という思いがあるのでしょう。

私は、米朝首脳会談が実現したとしても、それは入り口と考えています。入り口としてきちんとしたコミットメントと一定のロードマップを作ることに意義がある。そして当初の段階で北朝鮮の完全な非核化の意思を確認できるような行動が示されなければならない。それは核施設の申告と検証をまず行なうといったことなのでしょう。経済制裁の早い段階での解除は、やってはいけないことだと思います。もちろん大きな譲歩があれば、それに応じた一定の見返りは必要だと思いますが、彼らが後戻りする可能性がある以上、我々も後戻りする可能性がある。この交渉は時間をかけてやっていかざるをえない問題です。ですから、北朝鮮が約束を破る場合には、我々もこの条件に戻る、ということは明確に示すべきでしょう。

太田　二〇〇五年の六カ国協議は私も取材しましたが、金桂冠《キムゲグァン》氏が協議の場で、アメリカの金融制裁を念頭に「金融は国家の血流だ」と述べ、強く批判していたのを記憶しています。北朝鮮が二〇〇六年一〇月の核実験に突き進むのは、この金融制裁が始まりでした。

よく我々は「北朝鮮には騙されつづけた」と言うけれども、北朝鮮の側からすると、それは逆だと。当時、アメリカ政府内で総合的な政策調整はどうも行なわれておらず、財務省が、北朝鮮がマカオの銀行ＢＤＡ（バンコ・デルタ・アジア）を利用してマネーロンダリングをしたという情報をつかみ、淡々と調べ粛々と制裁をかけたというのが実情だったようです。このときブッシュ政権が朝鮮半島の恒久的な平和構築を含む包括的な東アジア戦略を持っていれば、おそらく違う展開になっていたのではないかと思います。

米朝首脳会談が入り口であるということについて私も同意します。名づけて「ニュー（新）ＳＴＡＲＴ方式」です。すなわち、二〇〇九年春にオバマ大統領がプラハでの演説で「核なき世界」を提唱した後、オバマ氏とロシアのメドベージェフ大統領が顔合わせの首脳会談を行ない、核軍縮交渉を進めることで合意します。その後、米ロの外交官や専門家が実務交渉を行ない、配備戦略核弾頭を一五五〇発ずつにまで削減する新戦略兵器削減条約（新ＳＴＡＲＴ）をまとめ、両首脳がプラハで再会談してこれに署名します。この時は二〇一〇年のＮＰＴ再検討会議も成功裏に終わり、核軍縮・不拡散を推進する大きなうねりが世界的に起きていました。将来の米朝首脳会談もこれにならい、まず非核化の大枠で合意して、見返りの供与を含めた行程表を実務者の交渉に任せる。そして実務交渉が大筋でまとまったら、再びトランプ―金会談を行ない、非核化実現を軌道に乗せる。これが「ニューＳＴＡＲＴ方式」です。

ただ、実務交渉は相当厳しいものになると思います。核を放棄させるには、核兵器が自分たちにとって放棄すべき対象、つまり持っていて厄介な「ライアビリティ（負債）」だと認識させなくてはなりません。だから、核兵器を持つ動機の除去という文脈で、入り口となる首脳会談において、一定程度の信頼関係が生まれるか否かが極めて重要です。

核兵器というのは、現在の北朝鮮にしてみれば安全確保のための核心的な柱なのかもしれませんが、その開発と管理・維持には莫大なコストが長期的にかかり、きわめて大きな負荷を国家に強いる。アメリカは解体待ちのものも含め約六五〇〇発の核弾頭を保有していますが、解体後に出るプルトニウムをエネルギー源にしようとしても経済的に割に合わず、地中に埋めるなどして捨てるしかない。莫大なプルトニウムの在庫量に頭を抱えている状況は日本も同じで、こうした核分裂性物質がテロリストの手に渡るようなことは絶対あってはならない。だから核セキュリティ上のコストもかかる。こんな核の「負債」としての性格を北朝鮮に理解させなくてはならないのです。

どのような戦略を持つべきか

田中　その位置づけはいいと思うのですが、ひとつだけ大事なことは、これまでの交渉の経験から我々は学ばざるを得ないということです。いつどの段階で騙されるかもしれないという意識を持っておかないといけない。そうしなければ、騙されたときには、ただけしからんという話だけになってしまう。米朝会談は新しいスタートとすべきだけれども、それは管理されたロードマップに結実しなくてはならない。その過程のいくつものポイントで、きちんと管理と検証をしていかなければならないということです。

もうひとつは、最初に申し上げたことでもあるのですが、究極の目的は朝鮮半島の安定と平和を作るということです。そこから外れてはならない。

私自身は北朝鮮を信頼しているわけではありません。だから、管理や検証が必要だと思いますし、常に後戻りできる準備もしていなければいけないと思っています。しかし同時に、現在の交渉の先には朝鮮半島の安定と平和があるべきであり、その方向に各国を向けていく一種の圧力を、日本の外交はかけていくべきだと思います。相手を安易に信頼するのではなく、しかし、誠意をもって向き合わなければいけない。

私が外交の現場にいたときから感じていたのは、「恨」という言葉がありますけれども、朝鮮半島の人々は、やはり「熱い」人々なのですね。こちらの誠意が伝われば、その感情において、彼ら自身が共感を持つ場合がある。

拉致問題の解決に関しても、「拉致」を叫ぶだけで実際に拉致問題の解決に向けた動きが起きるわけではないと考えます。この問題は、急がば回れという面があります。日朝関係の全体の根っこを解決していかない限り、拉致問題も動かないというのは、これまでの経験でもわかることではないですか。しかし現時点では拉致問題はがんじがらめの政治イシューになってしまったので、そのような現実的な立場を取ることが難しくなっています。

とにかく「拉致問題の解決」を常に言葉として前面に掲げていないといけないような状況になっていて、今回の一連の流れの中でも、韓国政府やトランプ大統領にその解決を働きかけるということになっています。普通の国ならば、自国民の生命の問題の解決を他の国に頼むというのは恥ですよ。こんな恥ずかしいことを何度も何度も言っている国などありえない。しかも、それで本当に拉致問題が解決するのかといえば、自ら交渉せずに解決がどこかからもたらされるようなことは考えられないでしょう。

必要な戦略は、今回のような平和と安定を作り出そうとする大きな絵の中で、状況が後戻りする可能性を視野に入れながら、非核化をはじめとする日本の安全保障を確保する道筋を描くことです。だからこそ私は「Ｐ３Ｃ」だと言っています。まずプレッシャー(Pressure)が必要です。平和という目的に沿う場合には、状況によってプレッシャーを増すことだってありえます。3Cというのは、ひとつは連携（Coordination）です。日本と米国・韓国・中国の連携が必要不可欠だということです。そして万が一の場合の危機管理計画（Contingency Planning）も必要です。政府は国民の生命と財産を守らなければいけないのですから当然です。そして日本がもっとも現在必要なのがコミュニケーション（Communication）です。現在に及んでも日本が北朝鮮とのコミュニケーションラインを持っておらず、圧力の強化と拉致問題の解決を他国に働きかけるだけだというのは、これは恥ずかしいとしか言いようがない。そんな日本に対しては、北朝鮮は「嫌がらせをしようとしている」としか思わないでしょう。

太田　四月の日米首脳会談の際も、トランプ大統領が拉致問題について米朝会談で北朝鮮に働きかけると言明したことが日本の新聞の大見出しになっていました。しかし、国務省関係者に「トランプ氏は日本人拉致問題をどこまで真剣に取り上げてくれるのか」と聞いたところ、「彼が日本との間で関心があるのはトレード（貿易）だけだ」と明言し、トランプ氏本人が拉致問題について本気で交渉すると安倍（晋三）政権が考えているなら、「それは妄想だ」と警告していました。

現在の日朝間のコミュニケーションラインが、田中さんたちが二〇〇一年から〇二年にかけて築いたパイプに比肩するくらい確かなものであるとは、到底思えない。日本政府は今日まで、問題解決の大前提となる日朝間の「地下水脈」をどこまで真剣に開拓してきたのか、それこそが問われるべきです。そんな「地下水脈」のないまま、いくら日米首脳会談で空中戦をやってみたところで、物事が本当に動くはずがないのではないか、と正直思います。

田中　アメリカや韓国に助力をお願いすること自体が間違いだとは思いませんが、それはあくまで環境作りであって、そこで問題が解決することはありえない。最初にしなければならないのは、太田さんの言う「地下水脈」、相手とのコミュニケーションラインを耕すことです。そこでの交渉もないままアメリカや韓国に解決をお願いしても、「なんで直接、相手に言わないの?」と思われるだけでしょう。

拉致問題が話し合いだけで解決するとは私は思いません。北朝鮮との関係を全体として正常化していく中で解決していかなくてはならないのです。それが二〇〇二年の日朝平壌宣言の基本的な枠組みでした。

平壌宣言とは、関係が正常化していけば経済協力もありうるという展望を設定しつつ、同時に核やミサイル、拉致の問題を解決していくというアジェンダセッティングをするというものでした。平壌宣言は、国交正常化の前に、互いに誠意をもって関係を作っていくということを書いています。しかし、いつのまにか日本では拉致問題だけが前面に飛び出してしまった。そうすることで問題が解決するならいいのですが、現実にそうなっていない。安倍総理は、自分の政権の間に解決するといって、もう五年がたっています。それは戦略の欠如だといわれてもしょうがないと思いますね。

資産としての日朝平壌宣言

――最後に、日本外交が今後、どのような関与をしていくべきか、まとめのコメントをいただけるでしょうか。

太田　仮に今後、米朝首脳会談が行なわれた場合、大事なのは出口、つまり入り口である最初の首脳会談後のプロセスです。日本がその出口となる大戦略を米・韓・中と一緒にどう描いていけるのか、この点が最も重要です。つまり、日本の外交アセットである日朝平壌宣言を米朝プロセスにいかに有機的に結合させ、核問題と拉致問題の根源的な解決に結びつけることができるのか。事の成否はそこに掛かってくるのではないでしょうか。

最近ようやく安倍総理は日朝平壌宣言に言及しはじめましたが、実は、出口の糸口はこの日朝平壌宣言に盛り込まれているのです。しかし、肝心のアメリカの対北朝鮮政策が政権交代とともに蛇行を続けてきました。今回、韓国が主導した地殻変動の予兆を手掛かりに、核兵器完成を宣言した北朝鮮が文在寅政権に呼応し、アメリカの大統領自身が腰を上げたことで、ようやく日朝平壌宣言が出口を描く有用な道具として注視される状況が招来しました。田中さんが作られたこの宣言は、日本外交の最大の戦略的資産なのです。それをどう有機的に使うのか。この点をトランプ大統領に啓蒙するのは、日本の総理しかいません。これがあなたの思い描く戦略目標の実現に最も有用な道具の一つですよ、これを組み込めば出口戦略が見えてきますよ、と。

もう一点、非核化の行程については、イランの核合意が参考になります。「ＪＣＰＯＡ（包括的共同作業計画）」は二〇一五年にイランのザリフ外務大臣と当時のケリー米国務長官らが作り上げた合意で、非常によくできています。オバマ政権はＪＣＰＯＡを信頼構築の土台にして、イランとの関係を漸進的に改善することにより、イランに「核はライアビリティである」との認識を抱かせる長期戦略を構想しました。しかし、その後、イランに対し敵対的で、イスラエルと非常に強く結びつきたがるトランプ政権が登場し、この国際合意から一方的に離脱しました。

ＪＣＰＯＡの優れている点は、もしイランが約束を違えば、自動的に制裁圧力路線に戻るという「スナップバック」機能が埋め込まれていることです。何か約束違反をしたら自動的に国連制裁が再発動する。この点は将来の北朝鮮との交渉を考えるにあたり重要な参照事項とすべきでしょう。そんな有意義な国際合意をトランプ大統領はいとも簡単に葬り去ってしまった。ボルトン大統領補佐官によると、イラン核合意からの離脱は「不完全な合意は結ばない」という北朝鮮への外交シグナルだそうです。これは「リビア方式」の唱導と同様、激烈なメッセージです。しかし軍縮交渉が成就する基礎は、レーガン米大統領がかつて強調した「Trust but verify（信じろ、しかし検証せよ）」です。トラストすらない状態では、ベリファイなど到底できない。

田中　今のアメリカを想定すると、最初の米朝首脳会談までは良いかもしれない。事細かなものができるとは思えないし、ひとつの大きなコミットメントと、これからのロードマップを作るということになるでしょう。そこから日本が包括的な戦略を描いて、アメリカ側に提言していかないといけない。

何よりも重要な点は、日本という国は、今回の外交を通じて究極的に何を実現しようというのか、それをきちんと踏まえた包括的な戦略を持つことです。何をプライオリティにするのかということを明確にしなくては、アメリカにも、中国や韓国にも、相手にされなくなると思います。北朝鮮の問題は、日本の安全保障にとってきわめて重要なのですから、日本国政府はアメリカにきちんと働きかけなければいけない。そのためにも、日本自身が戦略を持っていなくてはいけないのです。それがなければ、日本は取り残されることになるでしょう。

太田　日本が構想できる戦略は、想像力を働かせれば、いろいろあるはずです。たとえば、北朝鮮は核実験場を廃棄したとしていますが、額面通りに受け止めていいかどうかは疑問で、専門家による検証が必要です。その点で、ＣＴＢＴＯ（包括的核実験禁止条約機関）は世界中で三〇〇以上の監視ポストを設けて、揺れを監視したり、放射性核種を調べたりしており、重要な役割を発揮できます。だが、肝心のＣＴＢＴ（包括的核実験禁止条約）自体をアメリカは批准していません。オバマ政権は批准に前向きでしたが、トランプ政権は後ろ向きです。二月に公表した

「核態勢の見直し（NPR）」でもCTBT批准を追求しない姿勢を明らかにしました。
今回の北朝鮮の核実験場廃棄をきちんと検証していくためにも、北朝鮮に対してCTBTへの加盟を強く迫り、アメリカにもCTBT批准を促していく必要があります。中国もCTBTを批准していないので、中国にも批准を求めていく。そんな被爆国独自の外交イニシアティブが当然あっていい。いまいちど、軍備管理・軍縮が日本とこの地域の安全保障に資するという視座を取り戻すべきだと思います。

——本日はまことにありがとうございました。

（司会　編集部・熊谷伸一郎。この対談は『世界』二〇一八年七月号に掲載したものです）

7　日朝国交正常化はなぜ必要か

太田　修

日朝交渉の再開を

最近の朝鮮半島をめぐる世界の動きから日本は取り残されている、という見方がある。たしかに日本は、二〇一八年二月の平昌冬季オリンピック大会での南北の平和と対話への努力、その後の南北首脳会談、朝米首脳会談での対話と交渉に、関わりきれなかった。しかし重要なのは、取り残されたかどうかではなく、これまで日本が朝鮮民主主義人民共和国(以下、北朝鮮)の人々とどのような関係を結んできたのか、また現在と未来においてどのように向き合うのかということである。

その点から考えると、北朝鮮に対して日本政府は、少なくとも南北首脳会談後の五月頃までは「最大限の圧力と制裁」を掲げ、力で屈服させようとしていたようにみえる。平昌オリンピックでの南北の努力にも冷笑的だった。そのため南北が中心となって作り出した対話の流れに即座に対応することができなかった。日本政府は形勢が不利だと判断したのか、ようやく六月になって日朝首脳会談の可能性について、また六月の朝米首脳会談の直前には日朝平壌宣言にもとづく国交正常化にも言及し始めた。

六月二一日には、超党派の日朝国交正常化推進議員連盟が約一〇年ぶりに活動を再開させ総会を開いた。議連の会長をつとめる衛藤征士郎元衆議院副議長が、「日朝の新しい関係構築に向けて動き出すべきだ。今こそ日朝両首脳の直接会談、交渉を」と日朝交渉の早期再開に向けて取り組む方針を示した。世論調査でも、日朝首脳会談について「早い時期に会談すべきだ」が六七%で、「急ぐ必要はない」二六%を大きく上回った（『朝日新聞』二〇一八年六月一八日）。

こうした日朝交渉再開の機運の高まりを力として、今日のような関係の断絶、敵対的関係を終わらせ相互に交流する平和で友好的な関係を築くために、早急に国交正常化交渉を再開する必要がある。これまでも日朝国交正常化にかかわる議論が何度かなされてきたが、筆者が知る限りでは、雑誌『世界』二〇〇八年七月号掲載の「共同提言　対北政策の転換を」[1]が最もよく検討しており、その提言の多くが今日も有効である。本稿もそこから学びつつ、その後一〇年の歳月の流れを踏まえて、国交正常化がなぜ必要なのか、考えてみたい。

これまでの国交正常化の努力

日本は大韓民国(以下、韓国)とは一九六五年に国交を樹立しているのに対し、北朝鮮との間には国交がない。しかし、これまでに国交回復の努力がなされなかったわけではない。高崎宗司氏の『検証　日朝交渉』(平凡社新書、二〇〇四年)で、四度の国交樹立の機会があったことが知られている。最初は一九五五年に北朝鮮側の南日《ナムイル》外相の声明がきっかけとなった。北朝鮮側は国交樹立のために諸問題を討議する用意があるとして交渉の意思を示したが、日本政府は韓国との国交正常化交渉を優先していたため、いわゆる帰国事業を進める以外は北朝鮮側の呼びかけには応じなかった。日本は韓国との交渉を続け、一九六五年に日韓条約を結んで国交を樹立した。

二度目も一九七一年に北朝鮮側からの呼びかけによって始められた。日本では日朝友好促進議員連盟が結成され、翌七二年には「日朝間の貿易促進に関する合意書」が調印されるなど国交回復の機運が高まった。同年の南北共同声明、日中共同声明の発表により日本政府の対北朝鮮政策も軟化し、北朝鮮の高松塚古墳調査団、朝鮮国際貿易促進会、万寿台《マンスデ》芸術団、マスコミ、貿易、工業、商業分野の代表団の日本入国を認め、正常化への動きが進んだ。しかし、北朝鮮側の貿易代金支払い遅延が発生し、南北関係が悪化すると、再び停滞した。

三度目の機会は、一九八〇年代末に韓国で政治的民主化が成り、東西冷戦が崩壊する中で、今度は日本側の行動によってもたらされた。一九九〇年、植民地支配への反省、謝罪のために訪朝した金丸信・田辺誠代表団が金日成と会談し、国交正常化交渉を開始する合意がなされた。

こうして最初の日朝国交正常化予備交渉が一九九〇年一一月に開始された。だが、北朝鮮側は植民地支配に対する謝罪と補償を、日本側は核開発の中止と拉致問題の調査を要求して対立し、一九九二年八月の第八回交渉で決裂した。その後、二〇〇〇年四月に第九回交渉として再開されたが、三回の交渉のあと再び中断した。

二〇〇二年九月に小泉純一郎首相が平壌を訪れて、金正日国防委員会委員長との間に日朝平壌宣言が交わされた。両首脳は国交正常化を早期に実現させるために最善を尽くすこと約束し、小泉首相は植民地支配によって損害と苦痛を与えたことに反省とお詫びを表明し、金正日委員長は拉致と工作船の派遣を認めて謝罪した。日本は国交正常化後に経済協力を実施することを約束し、双方は核・ミサイル問題に関し、関係諸国間の対話を促進し、問題解決をはかることを確認した。植民地支配の清算問題では、被害の真相究明や補償が明確にされず、一九九八年の日韓共同宣言と同様に課題が残されたが、両首脳が植民地支配の清算、拉致、核・ミサイル問題などの諸懸案を日朝交渉を通じて解決していくことに合意したことで、国交正常化の実現が大きく期待された。

ところが日本では、拉致被害者の八人死亡という北朝鮮側の通告に対する反発が激しく起こった。翌月に五人の生存者が一時帰国したが、五人は日本にとどめ置かれた。日本政府内の強硬派は、北朝鮮に圧力を加え続ければ屈すると考えて交渉を打ち切り、五人の家族の帰国を要求した。北朝鮮側はそれに応じず、交渉は途絶した。小泉首相は二〇〇四年に再訪朝し、双方は国交正常化交渉を進めることで合意したが、やはり拉致問題への反発が大きくなり国交正常化はならなかった。

二〇一八年六月現在、日本政府が「世界の国」（外務省HP）として承認している国は、日本以外に一九五カ国あるが、北朝鮮はその「世界の国」には含まれていない。日本を除く国連加盟国一九二カ国のうち、日本が国交を持たないのは北朝鮮ただ一国だけである。

一方で、北朝鮮と国交のある国は約一六〇カ国である。北朝鮮をのぞく国連加盟国一九二カ国のうち、中国、ロシア、東欧諸国、フランスを除くEU諸国、中東諸国、アフリカ諸国、アジア諸国など多くの国々が北朝鮮と国交をもっている。北朝鮮と国交がないのは、米国、韓国、日本、フランス、イスラエル、サウジアラビア、中南米諸国など約三〇カ国ほどである。日本が「世界の国」と国交を結びながら、歴史的にも深い関係のある隣国の北朝鮮と国交がないのは、非平和的で倒錯した事態である。

国交正常化の意義

日朝国交正常化の意義を、以下の五点にまとめて考えておきたい。最初は、植民地支配・戦争被害の清算、つまり「過去の克服」に向けた議論を進めることである。この春の南北首脳会談、朝米首脳会談を前後して、日本政府および大手メディア、ほとんどの識者は、日朝の懸案は拉致、核・ミサイル問題であると強調し続けた。たしかに拉致、核・ミサイル問題も重要だが、日朝国交正常化の第一の課題は「過去の克服」にある。にもかかわらずそれに向けた努力に言及されることはほとんどなかった。日韓国交正常化の際も同様だった。日本の論壇やメディアでは韓国への「経済協力」や漁業問題ばかりが強調され、「過去の克服」はほとんど語られなかった。同じ過ちが、それから半世紀以上が過ぎた今日でも繰り返されようとしている。日朝間の懸案は拉致、核・ミサイル問題のみだとの主張を変えない限り、北朝鮮との交渉はむずかしく、国交正常化もありえないだろう。

そもそも日朝間の非平和的な状態の根底には、日本の植民地支配がある。植民地支配とその下で行われた戦争による被害は、この七三年のあいだ放置され続けている。韓国との間には、不十分な形だとはいえ一九九〇年代以降に、被害者の奮闘と日韓市民の力で「過去の克服」が進められてきた。だが日朝間では、日朝平壌宣言で「お詫び」が表明された以外は何もなされていない。植民地支配がなければ分断も朝鮮戦争も起こらなかったとの思いを北朝鮮政府と人々は強く持っていることを日本の私たちは十分に認識しておかねばならない。

日韓間の経験から得られる最も重要なことは、「過去の克服」は国家と国家の問題ではなく、国家と個人の問題だという点である。まず、日韓条約の時のように、経済協力によってすべて「解決済み」とされるのではなく、「過去の克服」は経済協力とは切り離して行われなければならない。もう一つ大切なのは、被害者の頭越しに政府どうしが処理してしまうのではなく、日本政府が被害者個人に向き合うことである。その際には、被害の真相究明と、それにもとづく責任追及、謝罪、補償、記憶の措置が重視されねばならない。

第二に、朝鮮半島、東アジアの平和体制の構築に貢献できる。二〇一七年の年末、北朝鮮がすでに核兵器を開発し、一一月にＩＣＢＭ（大陸間弾道ミサイル）「火星15」を発射したことで、朝米の戦争の危機が迫っていたとされる。年が明けて平昌冬季オリンピック大会で対話の方向へ進み、四月の南北首脳会談では「朝鮮半島の非核化」に向けて努力することが宣言され、六月には史上初の朝米首脳会談が開かれて、米国側が「北朝鮮に安全の保証を与えること」を、北朝鮮側は「朝鮮半島の完全な非核化」を約束した。この二つの会談は、戦争の危機を回避し、南北、朝米の首脳が朝鮮半島の平和と安定に向けた一歩を踏み出した点で、歴史的な出来事だったといえる。

問われるべきは、今後、中国、日本、ロシアなどの関係諸国がどのように協力していくかということだ。とりわけ日本が朝鮮半島の平和に貢献するための行動として最も重要なのは国交正常化に向けた努力を行うことである。国交正常化の過程で、「朝鮮半島の非核化」「平和体制」を促進するために何ができるのか、自ら考え行動していくことが求められる。現在日本政府は、核抑止論の立場から、つまり米国の「核の傘」の下で、北朝鮮の非核化を求めている。しかしそれでは説得力を持たない。なぜなら、北朝鮮も米国の敵視政策と核など軍事的脅威への抑止力として核兵器を保有することになったからである。北朝鮮の非核化を求めるのであれば、二〇一七年に国連総会で採択された核兵器禁止条約の立場から批判してこそ説得力を持つのである。

一九八〇年代以前は韓国が自らが朝鮮半島で唯一の正統な国家であるとして日朝国交正常化に反対していた。一九九〇年代初めは北朝鮮の核開発を理由に米国が反対していた。しかし今日では反対する者は存在せず、国交正常化のための国際環境は整っている。日朝国交正常化の実現自体が朝鮮半島の対立の緩和に寄与し、東アジアの平和体制の一部を構成することになる。そして何よりも日本の平和を強固なものとする。

第三に、拉致問題の解決に向けた対話が可能となる。先に述べたように、二〇〇二年の日朝平壌宣言で、日本は植民地支配を謝罪して、国交樹立後の経済協力を約束し、北朝鮮側は一三人の拉致と工作船の派遣を認め謝罪し、両国は速やかに国交正常化に進むことに合意していた。ところが、安倍晋三内閣官房副長官ら国交正常化反対派は、拉致問題を前面に掲げて国交正常化を阻止した。二〇〇六年に第一次安倍政権は、①拉致問題が「最重要課題」だと宣言し、②「拉致問題の解決なくして北朝鮮との国交正常化はありえない」とした。また、③拉致被害者は全員生きている、被害者全員を帰国させるように要求する、という方針とした。この三原則によって国交正常化交渉は打ち切られた。

二〇一二年末に発足した第二次安倍政権は、家族会から拉致問題の解決を迫られ、北朝鮮との交渉を行うことになった。二〇一四年にストックホルム合意を結んで、在朝日本人の調査が行われた。しかし、北朝鮮側が八人死亡したという拉致被害調査報告を出してくると、受け取りを拒否したため、交渉は座礁した。拉致被害者は全員生きているという根拠のない主張にこだわったため、北朝鮮とのそれ以上の交渉は進められなかったのである(和田春樹「米朝首脳会談」『世界』二〇一八年七月号)。

拉致問題は、朝鮮戦争が終わっていない停戦状態の中で、または日朝の国交がない状況の中で起こった国家暴力の問題であり、その真相究明、責任追及、謝罪、補償などが「過去の克服」と同様になされなければならない。この問題をめぐる対話には相当の議論が必要で、それは国交正常化の中で可能となるのである。

第四に、日本で現在も続く在日朝鮮人への抑圧、差別が緩和の方向へ向かう。敗戦後の日本では、北朝鮮を支持する人々が多くいた。この人々が中心となって一九五五年に在日本朝鮮人総聯合会を結成し、北朝鮮の公民だという立場を打ち出した。この人々の中から一九五九年から一九八四年までに九万三〇〇〇人余りが北朝鮮に移住した。在日朝鮮人は、その多くが南に故郷があり、北に家族がいて、自分は日本に生きている。それゆえ、南北分断の中で南とも北ともつながりがあり、何よりも日本と北朝鮮とをつないできた人々だともいえる。

在日朝鮮人に対して日本政府はこれまで、おもに差別的、抑圧的な政策をとってきた。今日では、二〇一〇年から施行された高校無償化措置の対象から朝鮮学校が除外され、自治体では補助金の支給停止が続いている。二〇〇六年の第一次安倍内閣の「拉致問題における今後の対応方針」第三項「現行法制度の下での厳格な法執行を引き続き実施していく」により、人権弾圧ともみなされる恣意的な弾圧が行われてきた。在日朝鮮人の人権が保障されるべきことは、市民的及び政治的権利に関する国際規約や子どもの権利条約、人種差別撤廃条約等の国際条約に規定されていることで、国交がなくとも遵守されるべきことだが、国交正常化が在日朝鮮人への抑圧と差別の解消のための大きな力となることは間違いない。

第五に、民間交流が再開し活性化する。現在、日本からの在日朝鮮人、および日本人の訪朝は細々と続いているが、二〇〇六年以降、人とモノの行き来は基本的に断絶した状態にある。できるだけ早く国交正常化して、人とモノの行き来を再開させる必要がある。互いによく理解し合ってこそ、より深い対話が可能となる。多様な民間交流は政府間の交渉を助けることにもなるだろう。

これまで「コリアこどもキャンペーン」などのNGOが人道支援を続けてきたが、国交正常化がなれば支援はより行いやすくなる。北朝鮮に移住した人々、その配偶者として行った日本人妻も往来できるようになる。敗戦直後に朝鮮北部で死亡した約三万四〇〇〇人の日本人の遺骨調査も再開できる。貿易を可能な範囲で徐々に解禁していき、万景峰《マンギョンボン》号の往来を再開させ、学術交流、文化交流を進めていける。将来的には教員や留学生の交換も可能となる。現状では夢のような話だが、国交正常化すれば夢は少しずつ現実となるだろう。

交渉再開への道

日朝が国交正常化交渉を再開させるためには、日本政府はこれまでの対北朝鮮政策を以下の点で転換する必要がある。

まず、日本が北朝鮮と対話、交渉するためには、拉致、核・ミサイル問題のみが日朝の懸案だとする考え方を捨て、「過去の克服」を第一課題としなければならない。拉致、核・ミサイル問題は、冷戦期あるいはその後に発生した課題だという認識に転換しなければならないだろう。日韓国交正常化交渉の時、韓国側は植民地支配の清算が重要課題だと強調した。今日の北朝鮮も同じ主張をしている。植民地支配は、現在の北朝鮮の人びとにも直接、間接の被害をもたらし、さらに南北分断、朝鮮戦争の起源として、簡単には癒されえない傷として内在している。日本側は「過去の克服」を重視する視点を持つことが必要である。

次に、先述の拉致問題に関わる三原則を日本政府は撤回する必要がある。安倍首相は二〇一八年六月初めの朝米首脳会談直前に日朝首脳会談に言及し、拉致、核・ミサイル問題の解決につながれば、日朝平壌宣言に基づいて国交正常化する用意があると語った。ただし安倍首相は、拉致被害者は全員生きており、「拉致問題の解決」とは拉致被害者全員を帰国させることだと言う(『朝日新聞』二〇一八年五月一五日)。しかしそれでは、拉致被害者全員が帰国しなければ、また全員生きていなければ、永遠に「拉致問題の解決」はありえず、国交正常化もありえないことになる。対話の路線を進むのであれば、こうした粗暴な方針は撤回した方がよい。

国交正常化交渉を再開するためには制裁を解除するのが望ましい。現在の日本政府独自の制裁は基本的には二〇〇六年のミサイル発射と核実験に対して実施されたものである。制裁の主なものは、すべての北朝鮮籍船舶の入港禁止、北朝鮮の対日輸出全面禁止、北朝鮮籍者の入国の原則禁止などである。北朝鮮は四月の南北首脳会談と六月の朝米首脳会談で「朝鮮半島の完全な非核化」を約束した。今後、ミサイル発射と核実験を行わないのであれば、国連安保理による制裁決議の解除に合わせて、日本の制裁も解除するのが妥当である。

和田春樹氏は、雑誌『世界』二〇一七年七月号に掲載された「北朝鮮危機と平和国家日本の平和外交」で、「平壌宣言を再確認する共同声明を出して、国交を樹立」し、「日本は経済制裁を維持したまま、北朝鮮は核兵器を保有したまま、拉致問題の従来の回答を維持したまま」、「大使館を平壌と東京に開設し、三つの問題(①経済協力について、植民地支配の清算事業について、②拉致問題について、在朝日本人問題について、③核・ミサイル問題について、経済制裁の解除について)で交渉を開始する」という、いわば「先国交正常化論」を提示している。これは、オバマ政府とカストロ政府との間で二〇一四年末から二〇一六年初めにかけて行われた米・キューバ国交樹立をモデルとしたアイデアである。

日韓の場合は、その懸案の議論と条約締結に一五年という長い時間を要してようやく国交正常化がなされた。和田氏の提案では、日朝では、先に国交正常化して懸案は後で議論しようというのである。たしかに、①平壌と東京に大使館を設置し、複雑で困難な諸懸案について十分に議論できる、②政府、民間人の交流、特に市民の相互理解を促進でき、それが政府間の交渉にもよい影響を及ぼす、などの利点がある。その意味で「先国交正常化論」も選択肢の一つとなりうる。

ただし、「先国交正常化」には、日本政府にそうした点を十分に理解して決断し市民を説得する強いリーダーシップが必要となる。確かに「政治とは可能性の芸術」でありうるが、日本政府が「先国交正常化」という考えを持てるかどうかは不明である。

「先国交正常化」が当面実現不可能だとしても、制裁を部分的に解除していって、貿易、船舶の往来、チャーター便の就航、人の往来、学術・文化交流、人道支援などを進めていくのがよい。それと同時に日朝平壌宣言にもとづいてできるだけ早い時期に国交正常化交渉を再開し、「過去の克服」について、政府間だけでなく、民間レベルでも議論を進めていかねばならない。国交正常化交渉の再開と同時に、これまで日韓の間で行われてきた「過去の克服」に向けた努力が日朝間にもすぐさま適用されるべきであろう。たとえば在朝被爆者については、平壌に日本政府の代表部のような機関を設置して被爆者手帳を交付し、被爆者援護法による援護を早急に行う必要がある。拉致問題についても、北朝鮮側の拉致被害者報告書を受け取って正面から議論すべきだろう。朝鮮学校の高校無償化からの排除、補助金の支給停止などの政府、自治体による在日朝鮮人への抑圧や差別はただちに中止されなければならない。

夢の実現のために

この間の南北、朝米首脳会談をめぐる議論の中で、日本は取り残されたように見えるが、直接の当事者でないのであせる必要はない、いずれ日本の経済協力が求められる時が来るのだから、その時に有利に交渉すればよい、との主張もなされている。これは、一見冷静な判断のようだが、一九六五年の日韓条約の時のように国家間の関係のみを重視したアプローチで、妥当な方法だとはいえない。日朝平壌宣言の成果と課題を踏まえて、「過去の克服」、朝鮮半島と東アジアの平和、人権の尊重を重視し、可能な限り早く国交正常化交渉を再開した方がよい。

私は二〇一〇年と二〇一二年の二度訪朝した。訪朝団には現地を案内してくれる「案内員」と呼ばれる人々がつく。私が出会った「案内員」さんたちは、博学で、魅力的な人々だった。今日、韓国の友人たちと自由に行き来して交流しているように、北の人々にも日本に来て交流してもらいたい。個人的には、私の職場の教員や学生を交換できる日が来ればよいと思う。私だけでなく、在日朝鮮人や日本の人々にも日朝間に懸ける夢があるだろう。「自分のルーツを確認したい」「親族を自由に行き来させてあげたい」「友達をつくりたい」「鉄道に乗ってみたい」、人々のそうしたつましい夢の数々を実現するためにも、日朝の国交正常化は必要である。

［注］

1　提言の筆者は、石坂浩一、川崎哲、姜尚中、木宮正史、小森陽一、清水澄子、田中宏、高崎宗司、水野直樹、山口二郎、山室英男、和田春樹という一二名。

太田昌克(おおた・まさかつ)
1968 年生まれ．共同通信社編集・論説委員．著書に『偽装の被爆国』『日本はなぜ核を手放せないのか』(岩波書店)，『日米〈核〉同盟』(岩波新書)など．

太 田　修(おおた・おさむ)
1963 年生まれ．同志社大学グローバル・スタディーズ研究科教授．著書に『日韓交渉』(クレイン)，『朝鮮近現代史を歩く』(思文閣)など．

執筆者紹介

李 鍾 元(リー・ジョンウォン)

→奥付参照.

木宮正史(きみや・ただし)

→奥付参照.

平井久志(ひらい・ひさし)

1952年生まれ. 立命館大学特任教授. 共同通信社編集委員兼論説委員などを歴任. 著書に『北朝鮮の指導体制と後継』(岩波現代文庫)など.

文 正 仁(ムン・ジョンイン)

1951年生まれ. 韓国大統領特別補佐官. ケンタッキー大学教授, カリフォルニア大学サンディエゴ校教授を経て, 延世大学教授. 著書に『転換期の東アジアと北朝鮮問題』(共編著, 慶應義塾大学出版会)など.

尾形聡彦(おがた・としひこ)

1969年生まれ. 朝日新聞オピニオン編集部次長兼機動特派員. 著書に『乱流のホワイトハウス トランプ vs. オバマ』(岩波書店).

朱 建 榮(しゅ・けんえい)

1957年生まれ. 東洋学園大学教授. 著書に『中国外交 苦難と超克の100年』(PHP研究所), 訳書に沈志華『最後の「天朝」——毛沢東・金日成時代の中国と北朝鮮』(全2冊, 岩波書店)など.

田中 均(たなか・ひとし)

1947年生まれ. 日本総研国際戦略研究所理事長. 元外務審議官. アジア大洋州局長時代には日朝首脳会談の実現に関わる.

李 鍾 元

1953年生まれ．早稲田大学大学院アジア太平洋研究科教授．国際政治学．『東アジア冷戦と韓米日関係』(東京大学出版会)，『歴史としての日韓国交正常化』(全2巻，共編著，法政大学出版局)，『戦後日韓関係史』(共著，有斐閣)など．

木宮正史

1960年生まれ．東京大学大学院総合文化研究科教授．国際政治学・朝鮮半島問題．『日本の安全保障 6 朝鮮半島と東アジア』(編著，岩波書店)，『ナショナリズムから見た韓国・北朝鮮近現代史』(講談社)，『国際政治のなかの韓国現代史』(山川出版社)など．

朝鮮半島 危機から対話へ――変動する東アジアの地政図

2018年10月12日 第1刷発行

編 者 李《リー》 鍾元《ジョンウォン》 木宮正史《きみやただし》

発行者 岡本 厚

発行所 株式会社 岩波書店
〒101-8002 東京都千代田区一ツ橋2-5-5
電話案内 03-5210-4000
http://www.iwanami.co.jp/

印刷・三秀舎 カバー・半七印刷 製本・中永製本

ISBN 978-4-00-023897-7 Printed in Japan

北朝鮮の指導体制と後継 ―金正日から金正恩へ―	平井久志	岩波現代文庫 本体一四八〇円
乱流のホワイトハウス トランプVS.オバマ	尾形聡彦	四六判二五六頁 本体一九〇〇円
日本はなぜ核を手放せないのか ―「非核」の死角―	太田昌克	四六判二〇八頁 本体一八〇〇円
朝鮮半島の平和と統一 ―分断体制の解体期にあたって―	白楽晴 青柳純一訳	四六判三一八頁 本体二三〇〇円
新・韓国現代史	文京洙	岩波新書 本体八四〇円

岩波書店刊

定価は表示価格に消費税が加算されます
2018年10月現在